UTB **3014**

**Eine Arbeitsgemeinschaft der Verlage**

Böhlau Verlag · Köln · Weimar · Wien
Verlag Barbara Budrich · Opladen · Farmington Hills
facultas.wuv · Wien
Wilhelm Fink · München
A. Francke Verlag · Tübingen und Basel
Haupt Verlag · Bern · Stuttgart · Wien
Julius Klinkhardt Verlagsbuchhandlung · Bad Heilbrunn
Lucius & Lucius Verlagsgesellschaft · Stuttgart
Mohr Siebeck · Tübingen
C. F. Müller Verlag · Heidelberg
Orell Füssli Verlag · Zürich
Verlag Recht und Wirtschaft · Frankfurt am Main
Ernst Reinhardt Verlag · München · Basel
Ferdinand Schöningh · Paderborn · München · Wien · Zürich
Eugen Ulmer Verlag · Stuttgart
UVK Verlagsgesellschaft · Konstanz
Vandenhoeck & Ruprecht · Göttingen
vdf Hochschulverlag AG an der ETH Zürich

UTB Profile

Frank Hartmann

# Medien und Kommunikation

facultas.wuv

Frank Hartmann, Univ.-Doz. Dr., lehrt am Institut für Publizistik- und Kommunikationswissenschaft der Universität Wien

Bibliografische Information Der Deutschen Nationalbibliothek
Die Deutsche Nationalbibliothek verzeichnet diese Publikation
in der Deutschen Nationalbibliografie;
detaillierte bibliografische Daten sind im Internet über
http://d-nb.de abrufbar.

1. Auflage 2008

Grafisches Konzept: Alexandra Brand
Satz: Ekke Wolf, typic.at
Druck: Druckerei Pustet, Regensburg
Printed in Germany

ISBN 978-3-8252-3014-2

# Inhaltsverzeichnis

## Einführung

## Hauptteil

## Serviceteil

# Einführung

## Unsere Mediengesellschaft

„Medien und Kommunikation" ist ein Thema der laufenden Veränderungen. Es ist auch eine Erfolgsgeschichte, denn Menschen und Kulturen sind ohne Medienprozesse gar nicht denkbar. Das noch vor hundert Jahren technisch Undenkbare ist heute Alltag geworden.

Wir leben jetzt in einer Mediengesellschaft – dieser Diagnose ist kaum zu widersprechen. Unsere Wahrnehmungen und Urteile sind medial vermittelt, wir informieren uns über die Medien, wir speichern unser Wissen in Medien, und vor allem stillen wir unseren Unterhaltungsbedarf mit den vielfältigen Medienangeboten. Doch was genau ist gemeint, wenn die „Medien" angesprochen sind? Sind sie einfach technische Kommunikationsmittel? Und ist denn das alles, was Medien ermöglichen, auch Kommunikation? Ist eigentlich immer schon klar, was denn das sein soll: „Kommunikation"?

Vor gar nicht so langer Zeit hätte man solche Fragen als Unsinn abgetan. Medien und Kommunikation existieren als Forschungsgegenstand erst seit wenigen Jahrzehnten. Zwei Zäsuren haben die Entwicklung der Informationsgesellschaft eingeleitet: nichtsprachliche Speichertechnologien und die Beherrschung der Elektrizität. Die gegenwärtige Medienkultur geht auf entsprechende Erfindungen und technische Innovationen des 19. Jahrhunderts zurück. Damals entstanden die neuen Medien: Telekommunikation, Aufzeichnungstechniken und Reproduktionstechnologien (Telegraf und Telefon, Fotografie und Film, neue Drucktechnologien). Dazu traten bald elektronische Übertragungstechniken (Funk und Fernsehen) und neu strukturierte Medien der Datenverarbeitung (Computer) und Informationsvernetzung (Internet).

Die neue Medienkultur ist audiovisuell geprägt und interaktiv strukturiert. Sie hat alles, was zuvor da war, nachhaltig verändert. Digitalmedien sind Motor der Wirtschaft wie treibende Kraft in der Weiterentwicklung einzelner neuer Wissenschaftsdisziplinen wie der Kommunikationswissenschaft und der Medientheorie. Computer und Internet wurden innerhalb weniger Jahre zu einem unverzichtbaren Bestandteil der Arbeitswelt wie auch des Alltags. Die Medien- und Unterhaltungsbranche ist zu einem der führenden Wirtschaftszweige avanciert, mit einem allein für Deutschland aktuell prognostizierten Jahresumsatz von 70 Mrd. Euro.[1]

Folgerichtig hat sich rund um Medien und Kommunikation ein professionelles Feld entwickelt, für das auch in Forschung und Lehre neue Anforderungen erwachsen sind. Medien- und Kommunikationswissenschaft sind relativ junge Studienangebote, während akademisch etablierte Fächer neue Erkenntnisinteressen entwickelt haben, die sie unter anderem als Medienphilosophie, Medienpsychologie, Mediensoziologie, Medienökonomie oder Medieninformatik verfolgen. Eine gemeinsame Diskussion auf der Metaebene gibt es bislang nicht, die Veränderlichkeit des Gegenstandes sowie divergierende Forschungsinteressen scheinen dies nicht zuzulassen.

So wie es „das Medium" nicht gibt, steht auch eine einheitliche Medientheorie nicht in Aussicht. Mit den Veränderungen der Praxis ändert sich auch die Theorie, deren Aufgabe es ist, eine Problemsicht zu entwerfen – nicht Antworten zu liefern, sondern die richtigen Fragen zu finden. Gern wird, mit dem erhobenen Zeigefinger der empirischen Brauchbarkeit, nach exakten Definitionen verlangt. Nun lassen sich zwar Begriffe definieren, schwerlich hingegen eine dynamische Praxis, in der das veränderliche Zusammenspiel von Kulturtechniken, Infrastrukturen, Hardware, Codierungen, Programmierungen und Anwendungsvisionen stets für neue Überraschungen sorgt. Die folgende Einführung wird hinsichtlich disziplinärer Zwänge und akademischer Gepflogenheiten versuchen, sich eine gewisse Offenheit zu bewahren.

## Gliederung

Medien und Kommunikation verdienen die vielseitige Beachtung, die unsere Zeit ihnen entgegenbringt. Sie haben, vor dem Hintergrund der entsprechenden Technologien, eine komplexe Geschichte, die sich in der jüngsten Zeit erst verdichtet hat. **Kapitel 1 (Medienmoderne)** widmet sich dem Leitmedium Druck und damit dem Prinzip Literalität. Bücher förderten die Entwicklung der Wissenschaft, Zeitungen und Zeitschriften öffneten neue Diskursräume.

---

1  German Entertainment and Media Outlook: 2006–2010. Die Entwicklung des deutschen Unterhaltungs- und Medienmarktes, PricewaterhouseCoopers AG, Frankfurt am Main 2006.

Wahrnehmungen und Mitteilungen dienen seit jeher der Gemeinschaftsbildung. **Kapitel 2 (Medienwirklichkeit)** skizziert diese grundlegende Bedeutung von Kommunikation. Die Entwicklung neuer Instrumente und neuer Apparate wie der Fotokamera jedoch ermöglichte Wahrnehmungen in Medienwelten und ließ neue Formen der Fernkommunikation entstehen. Es entstanden erste Ansätze einer Kommunikationstheorie.

**Kapitel 3 (Öffentlichkeit)** zeigt, wie Medien immer deutlicher zur Produktivkraft unserer Gesellschaft wurden und als Formprinzip die Wirklichkeit bestimmten. Die Theorie instrumentalisierte das Interesse, die öffentliche Meinung zu formen und zu lenken, in Public Relations und Propaganda. Die Sozialwissenschaften erkannten dies nun als Forschungsthema.

Die Weltkriege des 20. Jahrhunderts bewirkten nicht nur einen Entwicklungsschub für neue Medientechniken, sie warfen auch kulturpessimistische Fragen zur menschlichen Existenz auf. Die Theoriebildung wurde grundsätzlich, **Kapitel 4 (Kulturkritik und Medienwandel)** thematisiert den Zusammenhang von Kultur und technischer Veränderung in medialer Produktion und Konsumtion. Durch den Kulturschock des amerikanischen Exils kam es für europäische Wissenschaftler zu neuen Wahrnehmungen der Medienkultur als „Kulturindustrie".

In militärischem Zusammenhang wurde Kommunikation völlig neu gefasst, gleichzeitig verlangten Automatisierung und Elektronisierung nach neuen theoretischen Grundlagen. In **Kapitel 5 (Kybernetik)** wird eine mathematische Formalisierung vorgestellt, die enorme Wirkung auf die Entwicklung der Kommunikationswissenschaft hatte. Neue Modellbildungen waren die Folge.

Organisation und Struktur der Erfahrungswelt sind abhängig von Kommunikation. **Kapitel 6 (Systemische Kommunikationstheorie)** macht mit dem systemischen Ansatz und dem Konstruktivismus vertraut. Kommunikation ist nun ein Grundlagenbegriff moderner Wissenschaft geworden, die etwa psychische Probleme auch als Kommunikationsstörungen zu betrachten begann.

**Kapitel 7 (Massenmedien)** setzt dort an, wo die damals neue Medientechnik, Radio und vor allem das Fernsehen, zum Bestandteil des Alltags wurde. Die Wissenschaft spricht von Massenkommunikation und entwickelt entsprechende Forschungsansätze.

Ohne das Fernsehen wären bestimmte Theorien kaum denkbar, in **Kapitel 8 (Medien verstehen)** wird die Wendung zur Medientheorie dokumentiert, der die Erfahrung von Fernsehbildern und die Frage nach der Zukunft von Schrift (Literalität) zugrunde liegt.

Kommunikation wurde nun auch im deutschen Sprachraum zu einem Grundlagenbegriff. **Kapitel 9 (Medienkonstruktivismus)** zeigt die Spannung zwischen kritischer und systemtheoretischer Sozialwissenschaft, die fachlich nach wie vor spürbar ist. **Kapitel 10 (Materialität der Kommunikation)** geht auf Alternativen ein, die sich mehr an dem interessiert zeigen, was Kommunikation im materialen Sinn ermöglicht: Diskurse, Datenträger, Speicher, Schaltungen.

Es haben sich zahlreiche Theorieschulen herausgebildet, die recht unterschiedlich mit dem Thema Medien und Kommunikation befasst sind. Eine einheitliche Fachgeschichte gibt es nicht; in **Kapitel 11 (Mediologie/Medialität)** wird diskutiert, wie ein kulturwissenschaftlicher Ansatz neben die Kommunikationswissenschaft und die technisch orientierte Medientheorie tritt.

Medien und Kommunikation bilden ein weites Problemfeld, dessen Erschließung als Disziplin noch im Gange ist. **Kapitel 12 (Nach der Kommunikation)** schließlich bringt einen Ausblick auf aktuelle Tendenzen, die keine Entgegensetzung von Menschen und Technik mehr sehen, sondern für eine neue Sicht auf die vielfältigen Wechselwirkungen und Assoziationen plädieren.

Eine Einführung wie diese kann das Thema Medien und Kommunikation nicht vollständig abdecken; weder gibt es ein einheitliches Forschungsfeld noch liegt ein einheitlicher Theorieansatz vor. Fragen der visuellen Kommunikation (Visualisierung, Informationsdesign und Interface-Problematik) wurden bewusst ausgespart, da diese in einem eigenen Band dieser Reihe unter dem Titel „Multimedia" behandelt werden.

*Frank Hartmann*
*Wien, Februar 2008*

# Hauptteil

# 1

## Medienmoderne

*Medien machen Wissen verfügbar und begründen kulturelle Überlieferung. Das Denken der Menschen und der Geist einer Kultur werden durch ihre Kommunikationsmedien geprägt. Für die europäische Zivilisation waren bestimmte Formen von Literalität prägend. Das Druckmedium war die Voraussetzung für die Entwicklung des westlichen Weltbildes, seiner Wissenschaftskultur und seiner bürgerlichen Öffentlichkeit.*

### Gutenberg-Galaxis

Menschen können Informationen in Tönen und Bildern codieren; neben der mündlichen Tradierung in mythischen Gesängen zählen Bilder und Schriften zu den ältesten Kulturtechniken. Man sollte sie nicht vorschnell als Kommunikationsmittel bezeichnen, denn beides sind Medien der Abstraktion, die überindividuelle Werte tradieren. Die Schrift – ohne konkreten, ohne eindeutigen Ursprung – diente religiösen Zwecken, sie war ein elitäres Instrument der Priesterschaft und nicht des Volkes (Haarmann 2002). Von der kultischen Verwendung der Schrift haben sich bis heute Vorstellungen über die magische Funktion von Schriftzeichen erhalten.

Der praktische Nutzen der Schrift kam mit der Ausweitung von Verwaltung und Handel. Die Durchsetzung der Alphabetschrift, die eine beliebig kombinierbare Visualisierung von Sprechgeräuschen erlaubt, bewirkte eine nachhaltige Prägung der westlichen Kultur und eine systematische Abwertung anderer Erfahrungsdimensionen. Schrift fördert eine abstrahierende Einstellung und damit die Vorstellung von Logik. Die Rede ist abhängig von der Person, die sie führt; das Schriftstück jedoch erscheint verschiedenen Personen als ein objektiviertes Medium mit unabhängiger Existenz. In Schriftkulturen entstand daher das Problem von Interpretation und Übersetzung.

Kulturen haben immer schon Techniken und Medien entwickelt, um die menschliche Ausdrucksform zu ordnen und zu strukturieren, zu kanalisieren und zu kontrollieren. Veränderungen sind dabei fast unausweichlich, denn jeder Medienwandel ist mit einem Erfahrungs- und Wertewandel verbunden. Die Reaktionen können ganz unterschiedlich sein: Entweder werden Neuerungen begrüßt oder sie werden verteufelt. Das galt schon für die Schrift (zu Zeiten Platons) und auch für Druckerzeugnisse wie Bücher, Flugschriften und Zeitungen.

Gedruckt wurde nicht erst im Europa des 15. Jahrhunderts. Schmiede und Münzmacher kannten die entsprechende Technik, man hat mit Punzen gestempelt und mit Matrizen reproduziert. In der Zeit Gutenbergs ist viel gedruckt worden, die technische Tradition war alt: Es gab Bücher, es gab Drucktechniken, es gab Druckerschwärze. Tatsächlich gelang es Gutenberg als gelerntem Feinschmied, das Druckverfahren zu rationalisieren, um ein besseres und schöneres Druckbild zu erzielen, die Rede von der Erfindung des Buchdrucks durch Gutenberg ist jedoch missverständlich. Druck war auch außerhalb Europas schon bekannt, die Kenntnis moderner grafischer Reproduktionstechniken kam möglicherweise aus Asien nach Europa. Es gibt Zeugnisse aus China und Korea, wo im 11. Jahrhundert auch mit Lettern gedruckt wurde.

Die Gutenbergtechnologie wurde in Europa zur Metapher „Buchdruck", zum Leitmedium der abendländischen Kultur. Und doch war nur ein kleiner Teil der Bevölkerung alphabetisiert, lange noch hielten sich mittelalterliche Formen der Oralität. Neben der kirchlichen Predigt, die Historiker als Frühform der Massenkommunikation bezeichnen (Mitterauer 2003), gab es Schrift und Bild als Formen der religiösen Unterweisung. Der hohe Organisationsgrad der westlichen Kirche führte in der frühen Neuzeit zu einer Ausweitung des Schriftverkehrs, der in *Skriptorien* erledigt wurde. Außer der Kirche gründeten Universitäten und politische Verwaltungen ihre Tätigkeiten auf Handschriften; für berufsmäßige Kanzleischreiber etwa gab es Schreibanweisungen, in denen diese Kulturtechnik bis ins Detail vermittelt wurde. Auch das Schreiben ist ein technischer Prozess, dessen einzelne Schritte völlig standardisiert wurden – von mittelalterlichen Schreibstuben und neuzeitlichen Handelskontoren legt sich eine historische Spur über die Amtsstuben und Schreibsäle der Industriezeit bis in das moderne Büro mit seinen allgegenwärtigen *Office*-Anwendungen. Im Büro wird Informationsverarbeitung betrieben, die Kulturgeschichte des Büros gehört daher auch zur Mediengeschichte.

Dass die standardisierten Phasen der Herstellung einer Schrift ab einem bestimmten Zeitpunkt mechanisiert wurden, erscheint kaum überraschend. Die Innovation des Buchdrucks bestand nicht im Buch an sich, sondern in der ersten vollständigen Mechanisierung einer Handarbeit (McLuhan 1962). Das entsprach einer neuen Mentalität. Der Effekt des Buchdrucks als Leitmedium betrifft das gesamte moderne Weltbild: die Formen der Erfahrung und die geistige Anschauung. Man kann folglich von der Schaffung des typografischen Menschen sprechen: *The Making of Typographic man* hieß McLuhans Studie zur „Gutenberg-Galaxis" (1962) im Untertitel.

**Merksatz**

**Was Druck genau bedeutet und wozu diese Technik eingesetzt wurde, unterscheidet sich je nach Kultur. In alten lateinischen Schriften findet sich das Wort „litteras", und „litteratus" hieß gebildet sein. Medien der Literalität waren Schrift und Druck. Eine Kultur der Literalität, die Schrift (und in der Folge Druck) besitzt, unterscheidet sich in ihren Werten, Denk- und Wahrnehmungsgewohnheiten grundsätzlich von jenen einer oralen Kultur.**

## Druckmedium und Kulturwandel

In den 1950/60er-Jahren entstanden mehrere Studien zum Problem von Oralität und Literalität. Dies war kein Zufall, denn Radio und Fernsehen schienen als populäre Massenmedien gerade das Ende des Buchzeitalters einzuläuten. Wohin driftet die moderne Kultur? Was ein mögliches Ende hat, verweist auf einen Anfang: Die Literalität hat es nicht immer gegeben. Eine spezielle Theorie zur Literalität der griechischen Antike kam zu dem Schluss, dass das abendländische Konzept des Selbst und das des rationalen Verstandes ein historisches Produkt ist, das sich der Einführung des phonetischen Alphabets verdankt (Havelock 2007).

Ethnologen bestätigten der Durchsetzung der Alphabet-Schrift im antiken Griechenland eine verändernde kognitive Wirkung; erst der Gebrauch von Schrift als Kommunikationsmedium ermöglicht eine bestimmte Denkweise (Goody u. Watt 2003: 121 f.). Medien sind also keine neutralen Vermittler, sondern haben Auswirkungen auf Denken und Weltbild. Die Struktur von Wissen und Erkenntnis in einer Gesellschaft steht in Zusammenhang mit ihren Kommunikationsmedien. Sie bedingen eine bestimmte Denkform: „Kulturen, die auf multimediale Kommunikation fixiert waren, haben keine Industrienationen gebildet." (Giesecke 1998: 946)

Merksatz

Die Bedeutung von Medien für den Kulturwandel ist nicht als kausale Wirkung zu verstehen, sondern als Interdependenz von vorhandenen Technologien, der kulturellen Wirklichkeit und dem gesellschaftlichen Bedarf.

Gutenbergs Innovation bewirkte weder unmittelbar Wissen für alle noch eine allgemeine Alphabetisierung; es handelte sich nicht um ein allgemeines, sondern um ein elitäres und teures Medium für die gebildete Klasse. Dass auch die unteren Schichten lesen lernten, verdankt sich der Einführung der allgemeinen gesetzlich verankerten Schulpflicht gegen Ende des 18. Jahrhunderts.

Das Druckmedium vereinheitlichte die Sprache und brachte eine neue Wissenschaftskultur hervor. Ein entscheidender Effekt der Druckerpresse bestand darin, als wesentlich fehlerfreie Vervielfältigungsmethode die Grenzen des Wissens entscheidend zu erweitern. Zu diesem Schluss kommt die amerikanische Historikerin Elisabeth Eisenstein (1997) mit zweifacher Begründung:

– Drucken ist eine Reproduktionstechnik, die für eine überregionale Verbreitung identischer Informationen sorgt und dadurch Menschen in einem gemeinsamen Wissensraum verbindet, und zwar abseits persönlicher Verbindungen oder von physischer Präsenz.

– Gedruckte Publikationen schafften für die Gelehrten einen gemeinsamen, feststehenden räumlich-zeitlichen Bezugsrahmen, sie ermöglichten neue Arbeitsformen und bedingten so den Aufschwung der modernen Wissenschaften.

So ist die Druckerpresse Medium einer Kulturrevolution in der frühen Neuzeit Europas: Die kollektive Autorität des kulturellen Gedächtnisses ging nun über in das neue Modell von Autoren mit literarischen Eigentumsrechten; eine Literaturkultur (Publikation) überlagerte den mündlichen Gedankenaustausch (Disputation); einzelne Hochsprachen (Schriftsprachen) lösten die lokalen Dialekte ab und spielten eine nicht unwesentliche Rolle für die Nationenbildung; die neue Klasse der Literaten entstand, die als publizierende Intellektuelle ein allgemein gesellschaftliches Gedankengut verkörperten (Eisenstein 1997).

# Von der Predigt zur Presse

Was der Buchdruck um 1500 für Renaissance, Humanismus und für die religiöse Erneuerungsbewegung der Reformation bedeutete, kann kaum überschätzt werden. Das Druckmedium veränderte das Verhältnis zur Vergangenheit und rückte Texte ins Zentrum der Kulturgeschichte.

- Allein Bücher lieferten Kenntnis über die als ideal verklärte Epoche der Antike. Die „Textbrücken in die Antike" (Kerlen 2003: 91 f.) schufen kulturelle Wiedergeburt (Renaissance) als Abgrenzung von der mittelalterlichen Tradition.
- Die gemeinschaftsstiftende Kraft des Mediums sowie die Idee, allein durch die Schrift (Martin Luthers „sola scriptura") in Beziehung mit dem göttlichen Heilsgeschehen zu treten, nutzte der gegen die kirchliche Tradition gerichteten Reformation. Buchstäblich Medium des Glaubens, stand Gutenbergs Erfindung für Luther im Zentrum der Religion. Seine Bibelübersetzung formte die deutsche Schriftsprache mit.

Nach dem Urteil von Historikern handelte es sich schon beim mittelalterlichen Predigtwesen um eine Form der Massenkommunikation; beim Kirchgang ließ sich ein großes Publikum auf lokaler Ebene ansprechen, und vor allem die nach päpstlicher Vorgabe gehaltenen Kreuzzugspredigten erreichten auch „auf überlokaler Ebene eine gleichgestimmte Öffentlichkeit" (Mitterauer 2003: 236). Die katholische Gegenreformation verfolgte auch eine ausgesprochene Bildpolitik, die zur Ausschmückung der Kirchen in der Barockzeit führte. Luther hingegen bediente sich der Flugschriften als Predigten, die entsprechend Verbreitung fanden.

Flugblätter und Flugschriften gelten als Vorläufer der aktuellen Zeitungen. Im frühen 17. Jahrhundert erschienen dann Wochenblätter mit Nachrichten in deutscher Sprache, wobei der Begriff „Zeitung" noch die allgemeine Bedeutung von Neuigkeit oder Nachricht hatte. Es gab noch andere Formen von Druckmedien, wie Kalender, Traktate oder Almanache. Dadurch, dass diese Druckwerke billiger waren, erreichten sie mehr Menschen, und zwar sowohl der Unterschicht wie auch der Landbevölkerung. Hier wurde Religiöses und Erbauliches, aber zunehmend auch Kurioses und Aktuelles gelesen und vorgelesen – das laute Lesen schlug die Brücke zu den nicht Alphabetisierten.

Merksatz

Gedruckte Bücher waren zunächst teuer und der städtischen Ober-
schicht (Kaufleuten, Gelehrten) vorbehalten, was eine relativ hohe
Exklusivität der gedruckten Informationen bedeutete. Die periodisch
erscheinenden Medien (gedruckte Blätter, Zeitungen) sind ein Ausdruck eines gewissen Mentalitätswandels, hier entstand eine neue,
bürgerliche Form von Öffentlichkeit.

Die Entfaltung des Pressewesens setzte einen Prozess in Gang, der
Diskussion und Kritik entstehen ließ. Einerseits wurden Informations-
monopole der lokalen Fürsten, der Beamten und des Klerus gebrochen.
Andererseits konnten durch die gedruckten Berichte die religiösen und
politischen Autoritäten selbst zum Objekt allgemeiner Beobachtung werden; außerhalb der kontrollierten Sphäre bloßer Repräsentation war oft
allein schon die Tatsache einer Veröffentlichung ein Skandal. Die leich-
tere Verbreitung von Neuigkeiten entzog die Informationen tendenziell
der Kontrolle durch die regierenden Stellen, und die Gefährdung ihrer
Autorität rief auch einen kritischen Mediendiskurs hervor, in dem das
Für und Wider von Zeitungen und deren Zensur verhandelt wurde. Mit
dem neuen Medium traten schon Kritiker auf den Plan; so warnte der
christliche Eiferer Ahasverus Fritsch in einem Traktat von 1676 (*Discur-
sus de Novellarum, quas vocant Neue Zeitunge*) vor der Gefahr durch die
Presse, da das gemeine Volk falsche Neugier entwickle und der sündigen
„Zeitungs-Sucht" verfalle.

# 2

# Medienwirklichkeit

*Zwischen Sprache und Denken besteht ein Zusammenhang; Ideen sind an Mitteilungen gebunden. Sprache ist ein Medium der Weltwahrnehmung und der Gemeinschaftsbildung. Zur Schärfung der Wahrnehmung werden neue technische Mittel entwickelt, aber auch zur Täuschung der Sinne – als Unterhaltungsmedien. Wahrnehmung und Kommunikation ändern sich mit der Kultur, in der sie stattfinden; Medienwirklichkeiten organisieren sie neu.*

## Mitteilung und Übermittlung

Es gibt Kommunikation, seit es Menschen gibt. Der Medienphilosoph Vilém Flusser bezeichnete Kommunikation als einen künstlichen Vorgang, der auf einer geordneten Symbolik beruht, die in der Natur nicht vorkommt. Es handelt sich um einen Kunstgriff gegen natürlichen Zerfall, gegen Tod und Vergessen (Flusser 1996: 10). Das Speichern und Übertragen einmal erworbener Information wirkt kulturbegründend. Die Art und Weise, in der dies geschieht (der Code), ist zu verschiedenen Zeiten und Orten nicht einheitlich. Kulturen verwenden unterschiedliche Medien, um ihr Wissen aufzuzeichnen und weiterzugeben, und es kommen dabei alle möglichen Datenträger und wechselnde Codes zum Einsatz.

Verkehrsverbindungen und Transport nannte man früher „Kommunikationen". Physiker sprechen ganz allgemein von Kommunikation, wenn sie irgendeine Art der Beeinflussung meinen, von den kommunizierenden Röhren bis hin zu kommunizierenden Teilchen. Der Begriff „Kommunikation" mit der lateinischen Wurzel „communicatio" bedeutet nur zum Teil Mitteilung oder Verständigung. Hier spielt noch die Bedeutung der „communio", der Herstellung von Gemeinschaft, mit hinein. Heute sind meist Formen symbolischer Interaktionen gemeint, wenn von Kommunikation die Rede ist. Individuen müssen Zeichen und Medien in Anspruch nehmen, wenn sie sich innerhalb einer Gemeinschaft verständlich machen wollen. Tatsächlich hat niemand allein für sich eine Sprache. Sprachen sind strukturierte Zeichensysteme, die Austausch-

und Übertragungsleistungen auf symbolischer Ebene ermöglichen und so die Grundlage für kulturelle Zusammenhänge bilden.

Von der Philosophie der Aufklärung bis hin zur Moderne wurde die Frage nach der sprachlichen Kommunikation in immer neuen Varianten gestellt. Der englische Philosoph John Locke sprach in seinem Werk *An Essay Concerning Human Understanding* (1690) eine „communication of ideas" an, ohne welche die Vorstellungen der Individuen für andere unzugänglich bleiben würden; sie müssen durch das künstliche Medium der Sprache an andere übermittelt werden. Sprache ist aber auch die Quelle von Missverständnissen, sodass die Klärung von Begriffen zum Hauptgeschäft der Philosophie gehört. G. W. Leibniz machte Vorschläge zur *Verbesserung der Teutschen Sprache* und ersann um 1700 eine universale Kommunikationsform, basierend auf formalen Kalkülen und binären Zeichen – der Anfang eines Prinzips der Repräsentation, das im heutigen Computer technisch realisiert ist. Die Verbesserung der Welt (Frieden, Fortschritt, Aufklärung) wurde immer wieder von einer Verbesserung der Kommunikationsmittel abhängig gedacht (Eco 2002).

Auch J. G. Herder betrachtete Sprache nicht länger als ein göttliches Geschenk, sondern als Menschenwerk, als ein kulturelles Bildungsinstrument, ohne das der Mensch im Sinne eines lernenden Wesens gar nichts wäre (*Abhandlung über den Ursprung der Sprache*, 1771). Sprache als Vernunftorgan wäre das Medium der Menschwerdung. Wilhelm von Humboldt führte in seinen vergleichenden Sprachstudien diesen Gedanken fort und erkannte, dass der Mensch gegenüber der Sprache nicht frei ist: Die Worte der Sprache sind nicht „Abdruck des Gegenstandes an sich", sondern arbiträr. Mit ihrer verselbständigten Macht entsteht eine Art Struktur, „ein unabhängiges, äußeres, gegen den Menschen selbst Gewalt übendes Dasein" (Humboldt 1998: 152). Sprache erscheint hier als widerspenstiges Medium, das nicht einfach nur der Verständigung dient, sondern sich zwischen Mensch und Welt schiebt und ihre eigene Wirklichkeit behauptet.

## Medienerfahrungen

Der Naturforscher Alexander von Humboldt, Bruder des Sprachphilosophen, erkundete nicht fremde Sprachen, sondern fremde Länder, und setzte bei seiner amerikanischen Expedition um 1800 allerlei neue Beobachtungs- und Messgeräte ein. Die neuen Werkzeuge der Sinneserweiterung ließen auf „geschärftere Organe" und eine Potenzierung der menschlichen Kapazitäten hoffen (Humboldt 2004: 170 ff.). Dies versprachen sowohl Fernrohr und Barometer als auch die Infinitesimalrechnung oder die Anwendungen der Elektrizität – alles Mittel zu höherer wissenschaftlicher Tätigkeit. Gleichzeitig mit der Erweiterung der natürlichen Sinne im Dienste der Wissenschaft sprach Humboldt von „Mitteln der Erkenntnis". Ihre Bedeutung ging ihm über die eines Werkzeugs hinaus, aber er sprach nicht von Medien, sondern von Mitteln – warum?

Neue Technologien verlangen nach Bezeichnungen, die das Unbekannte benennen. Neue Begriffe werden gesucht, doch „Medium" scheint nur im Französischen gebräuchlich gewesen zu sein. Da man um die Reinerhaltung der deutschen Sprache bemüht war, kam es zu einem interessanten Eintrag in Joachim Campes *Wörterbuch zur Erklärung und Verdeutschung der unserer Sprache aufgedrungenen fremden Ausdrücke* (1813): „Médium, kann in den meisten Fällen durch Mittel, zuweilen durch Hülfsmittel übersetzt werden" (zit. nach Hoffmann 2002: 72). Bis heute werden unter „Medien" in vielen wissenschaftlichen Bibliotheken nicht die einschlägigen theoretischen Werke klassifiziert, sondern Publikationen über die Hilfsmittel des akademischen Diskurses.

Neben Wissenschaft und Kommunikation dienten Medien stets auch dem Zeitvertreib und der Spielerei. Sie übersetzen Erfahrungen in Orte imaginärer Identifikation und schaffen kulturelle Zusammenhänge, die ihrerseits wieder Neues möglich machen: Erfahrungen in Medienwirklichkeiten. Im frühen 19. Jahrhundert kam es zu einer steigenden Faszination für die neuen Möglichkeiten, etwa bewegter Bilder. Dazu wurden neuartige Apparate gebaut, optisches Spielzeug: Wunderscheiben wie das Thaumatrop, Bildertrommeln wie das Praxinoskop sind Vorläufer des Kinos und waren feste Bestandteile einer massenhaft verbreiteten Unterhaltungskultur. Auch Fotografien vermittelten neue, unbekannte Wirklichkeiten – Dinge, die man entweder im Alltag nicht zu sehen bekam, oder Ansichten, die dem menschlichen Auge verborgen waren. Die Stereoskopie, eine fotografische Technik der räumlichen Aufnahme, feierte breiten Erfolg, nachdem sie 1851 im Kristallpalast der Londoner Weltausstellung einer staunenden Öffentlichkeit präsentiert wurde. Die Fotografie begründete eine ausgedehnte kommerzielle Bilderindustrie und kann schon als Massenmedium vor der Industrialisierung des Drucks (Massenpresse) bezeichnet werden.

Technische Apparate zur Täuschung der Sinne waren fester Bestandteil der Schausteller auf Jahrmärkten. Wird eine bestimmte Schwelle überschritten, können Auge und Ohr bestimmte Informationen nicht mehr wahrnehmen oder differenzieren. Die sinnliche Wahrnehmung wird getäuscht: Geometrische Figuren werden verzerrt, und Bildfolgen werden als bewegt empfunden (Film), Bildpunkte als zusammengesetzte Fläche (Bildschirm) oder reduziertes Audioformat als Musik (MP3). Viele Medienanwendungen funktionieren auf Grundlage der sinnlichen Trägheit. Medien zeigen in diesem Sinne nicht die Wirklichkeit, sondern eine technisch erzeugte Medienwirklichkeit. Wie die jüngere Mediengeschichte wiederholt zeigt, spielen Wahrnehmung und Erkenntnis zusammen; der technische Anteil wird in der geistesgeschichtlichen Tradition zwar systematisch unterschätzt, doch Medien sind nie bloße Werkzeuge oder Verstärker – sie setzen auch ihre eigene, historisch veränderliche Logik durch: „Innerhalb großer geschichtlicher Zeiträume verändert sich mit der gesamten Daseinsweise der menschlichen Kollektiva auch die Art und Weise ihrer Sinneswahrnehmung. Die Art und Weise, in der die menschliche Sinneswahrnehmung sich organisiert – das Medium, in dem sie erfolgt – ist nicht nur natürlich sondern auch geschichtlich bedingt." (Benjamin 2002: 356)

> **Merksatz**
>
> **Medien sind kulturelle Formen und Technologie**n, sie können als eine Art historisch gewachsene Grammatik unserer Kultur betrachtet werden. Dies bedeutet, dass sie keine neutralen Übermittler von Botschaften oder Verstärker von Kommunikationen sind, sondern den Sinn von Botschaften mitstrukturieren und in vielen Fällen Kommunikation auch selbst erst erzeugen.

## Neue Bildmedien

Ab ca. 1800 drängten neuartige Bilder in eine von Druckerzeugnissen geprägte Medienkultur, und sie veränderten Wahrnehmung und Aufmerksamkeit. Neben Büchern und Zeitungen gab es immer auch andere Mittel zur Adressierung eines Publikums: Theater, Oper, Vortrag, Lesungen, Ausstellungen, Gesang, Tanz usw. – Medien der Zerstreuung und Unterhaltung. Hier eröffneten sich durch wissenschaftliche Fortschritte in Physik und Chemie neue ästhetische Möglichkeiten.

Bereits Gelehrte und Künstler des ausgehenden Mittelalters kannten die Camera obscura, einen verdunkelten Kasten oder Raum, in dem durch ein kleines Loch ein Bild der Außenwelt an die Wand projiziert wird. Zur Volksbelustigung dienten optische Medien wie die *Laterna magica*, welche dieses Prinzip umkehrt und als Vorläufer späterer Dia- und Filmprojektion anzusehen ist. Auf Schaubühnen wurden realistisch gemalte Sehenswürdigkeiten und Themen als begehbare Bilder (Panoramen) inszeniert, bald auch durch geschickte Lichtregie scheinbar belebt (Dioramen); sie fanden ein Massenpublikum. Ein findiger Konstrukteur, der französische Maler Louis Daguerre, versuchte wie auch die Brüder Nièpce, die flüchtigen Bilder der *Camera obscura* chemisch festzuhalten – die Fotografie hat mehrere Väter. Aus einem eher primitiven Apparat, der Kamera, entstand ein neues Bildmedium. Keine menschliche Hand schuf diese Bilder, etwa mit Pinsel oder Zeichenstift. Es war, als würde die „Natur selbst" sich dokumentieren. Wie Berichte von Zeitzeugen deutlich machen, scheinen gerade dadurch die ersten Fotografien überwältigenden Eindruck gemacht zu haben. Konsequent nannte Henry Fox Talbot, der die Negativfotografie entwickelte, sein 1844 publiziertes Fotobuch *The Pencil of Nature* – der Zeichenstift der Natur. Es war jedoch eine technische Apparatur, die dieses neue „Schreiben" mit Licht (Heliografie, Fotografie) besorgte.

> **Merksatz**
>
> **Als analoges Speichermedium brach die Fotografie mit der Hegemonie der Schrift. Texte und Bilder können in Raum und Zeit übermittelt werden und prägen die Wahrnehmung der Vergangenheit.** Diese blieb lange Zeit auf Geschriebenes und Gedrucktes, auf Gezeichnetes und Gemaltes beschränkt. **Die neue Bildkultur der fotografischen Aufzeichnung veränderte die kulturelle Wirklichkeit, sie organisierte das Sehen auf neue Art und Weise.**

An der Fotografie lassen sich veränderte erkenntnistheoretische Bedingungen erkennen, da nun jenseits des begrifflichen Denkens „Kategorien des Apparats" die kulturelle Bedingung überlagern und filtrieren (Flusser 1983: 32). In der Theoriebildung spielen diesbezügliche Überlegungen allerdings erst spät eine Rolle. Der Kulturphilosoph Walter Benjamin machte sich in den 1930er-Jahren Gedanken über die Bedeutung technischer Reproduzierbarkeit für Kunst und Kultur. Dabei zeigte er sich verwundert, dass die Industrialisierung der Wahrnehmung und die neuen Bildwelten der Fotografie als philosophische Fragen „jahrzehntelang unbeachtet geblieben sind" (Benjamin 2002: 300). Anders als Brille oder Fernrohr verbessert die Kamera nicht das Sehen, sondern lässt uns anders sehen. Das Kameraobjektiv erschließt das „Optisch-Unbewußte"

(Benjamin 2002: 376) und hält, etwa mit dem Mikroskop oder Teleskop kombiniert, Bildwelten fest, von deren Existenz man zuvor gar nichts wusste. Abbildungen von Plankton und auch Astrofotografie (vom Mond bis zum nächsten Stern, der Wega) – das waren die Mediensensationen schon Mitte des 19. Jahrhunderts.

## Telekommunikation

In genau jene Zeit fällt auch die Innovation der Fernkommunikation: Telegrafie. Der griechische Wortstamm „tele" steht für „fern", und die entsprechenden Tele-Technologien veränderten in der Folge Schrift, Stimme, Bild zur Telegrafie, Telefonie und Television. Die technische Beherrschung von Elektrizität verhalf der Telegrafie zu ihrem weltweiten Siegeszug, die darauf folgende Nutzung elektromagnetischer Frequenzen öffnete neue Kommunikationskanäle (Funk und Radio).

Zunächst brachte ein massiver Ausbau der Verkehrswege – Straßenbau und Eisenbahnstrecken, Kanalverbindungen und Schifffahrtslinien – nicht nur eine Steigerung der Gütertransporte mit sich, sondern erschloss mit den Handelswegen auch Kommunikationswege. Zwar verfügten Regierungen, Klöster und Handelshäuser schon seit dem Mittelalter über Netze der Fernkommunikation, deren Nutzung war jedoch eingeschränkt. Das änderte sich im Zeitalter der Industrialisierung: Mit dem Ausbau der Eisenbahnnetze ab den 1830er-Jahren begann der Siegeszug der elektrischen Telegrafie, welche sich für die Logistik des überregionalen Bahnverkehrs als unerlässlich erweisen sollte. Ab den 1860er-Jahren entstand mit den transatlantischen Telegrafenkabeln und dem standardisierten Leitungsbau die erste internationale Kommunikations-Infrastruktur. In städtischen Ballungsräumen begann ab ca. 1890 auch der Aufstieg des Telefons als zunächst lokales Kommunikationsmedium.

Weltverkehr und Weltverkabelung begründeten neue Kommunikationsverhältnisse. Eine Bündelung aus politischen und ökonomischen Interessen (u. a. die Verbindung zu den Kolonien) beförderte den flächendeckenden Ausbau der Nachrichtentechnik (Verkabelung) und trug so zur Ausbreitung einer globalen Medienkultur bei (Hartmann 2006). Nicht sosehr einzelne Erfindungen waren es, die diese Veränderung brachten, sondern die Industrialisierung und das Heranwachsen komplexer technischer Systeme.

War früher die Botschaft von ihrem Boten abhängig, von einem Kurier oder von der Post, so konnte sie nun als technisch codierte unabhängig vom Boten übertragen werden. Der Telegraf übermittelt nicht die Buchstaben auf dem Papier des Telegramms, sondern übersetzt sie in elektrische Signale. Um diese übertragen zu können, wurde im großen Stil die Produktion und Verlegung von Kabeln aufgenommen, womit die Ära der weltweiten Telekommunikation begann.

## Erste Theoriebildung

Kolonialherrschaft und Industrialisierung veränderten das Gesicht der Welt, die Weltbevölkerung verdoppelte sich im 19. Jahrhundert. Die steigende Komplexität von Gesellschaft führte zu neuen Forschungsfragen, denen sich neue Wissenschaftsdisziplinen wie die Ökonomie und die Soziologie widmeten. Der deutsche Volkswirtschaftler Karl Knies publizierte 1857 seine Abhandlung *Der Telegraph als Verkehrsmittel*, in welcher er „den Nachrichtenverkehr überhaupt" ansprach und damit ein neues Forschungsthema. „Kommunikationen" wie Eisenbahn und Telegrafie waren für das nationale Selbstverständnis der Vereinigten Staaten prägende Technologien. 1894 promovierte Charles H. Cooley in Michigan mit *The Theory of Transportation*, einer Studie über die Bedeutung der Transportwege als einer Art Lebensadern für das Gemeinwesen.

Wie Cooley in seinem weiteren Werk ausführte, sind gesellschaftlich ausdifferenzierte Handlungsbereiche (wie Politik, Wirtschaft, Kunst und Kultur) Effekte von Kommunikationsverhältnissen. Damit hielt er zwar nicht den Universalschlüssel für das Verständnis des Sozialen in Händen, aber doch für einen zentralen, gemeinhin unterschätzten Faktor der gesellschaftlichen Reproduktion. Er stellte die physischen Ereignisse des Verkehrswesens und die psychischen Effekte der Kommunikation auf eine theoretische Ebene, und zwar schon Jahrzehnte, bevor McLuhan (1964) solch transdisziplinäre Facetten wieder populär machen sollte. 1909 erschien Cooleys Publikation *Social Organisation. A Study of the Larger Mind*; sie zählt heute zu den soziologischen Klassikern. Hier formulierte der Soziologe als Erster explizit eine Kommunikationstheorie und skizzierte ihren Gegenstandsbereich als ein interpersonelles Phänomen mit den entsprechenden technischen Erweiterungen: „By Communication is here meant the mechanism through which human relations exist and develop – all the symbols of the mind, together with the means of conveying them through space and preserving them in time. It includes the expression of the face, attitude and gesture, the tones of the voice, words, writing, printing, railways, telegraphs, telephones, and whatever else may be the latest achievement in the conquest of space and time." (Cooley 1909: 61)

Hiermit kamen zwei bemerkenswerte Aspekte zum Ausdruck:

- Die Kommunikationsverhältnisse – neueste Errungenschaften in der Eroberung von Raum und Zeit – werden zum Objekt von Theorie. Die Entwicklung der Transport- und Kommunikationsmedien trägt zur Entwicklung der menschlichen Beziehungen bei, d. h., Cooley brachte die Potenziale zum Ausdruck, während es bald genug Pessimisten gab, die hier vor Kulturzerfall warnten.
- Medien bilden das funktionale Äquivalent ausdifferenzierter Sozialverhältnisse und sind damit grundlegend für die Kultur der Moderne. Dies aber steht für eine Ausweitung des subjektiven Bewusstseins (*Larger Mind* – vgl. den Untertitel des Werkes). Kommunikation ist mehr als ein privates Ereignis zwischen zwei oder mehr Individuen, sie gilt als soziales Phänomen; und Medien sind mehr als nur technische Verstärker von Kommunikation, denn sie erzeugen eine überindividuelle Sphäre: die Öffentlichkeit.

# Öffentlichkeit

*Medien schaffen Öffentlichkeit, doch öffentliche Kommunikation ist keine Selbstverständlichkeit – sie ist ein Recht, das erst mit der Aufklärung durchgesetzt wurde. Bildet die bürgerliche Gesellschaft eine öffentliche Meinung aus, so wird das Publikum bald auch zur „Masse". Mit Propaganda und Public Relations etabliert sich die Vorstellung, die Masse kommunikativ zu beeinflussen und zu führen. Auf die Forderung nach Publizität und freier Argumentation folgte die zynische Publizistik der professionellen Überredung.*

## Publizität

Öffentlichkeit als Begriff der Moderne ist eine Institution des Waren- und Nachrichtenverkehrs, eine politische wie ökonomische Kategorie. Das Zeitalter der Aufklärung verlangte nach einer Freiheit, mit der Vernunft das traditionelle Regelwerk aus Gehorsam und Glauben ersetzen sollte. Dem Verlangen, ein Publikum frei von äußerem Zwang adressieren zu können, verlieh die philosophische Argumentation Immanuel Kants den Status eines Rechts auf öffentlichen Vernunftgebrauch. Unter Aufklärung verstand der deutsche Philosoph die Ausübung von Kritik in freier Argumentation, sodass sich jeder selbst sein Urteil bilden könne, ohne von fremden Vorurteilen abhängig zu sein.

Gibt es ein Grundrecht auf Publizität? Durchaus, meinte Kant, doch dabei gehe es nicht um subjektive Meinungsfreiheit. Über die freie Rede hinaus sei der öffentliche Vernunftgebrauch ein Menschenrecht. In seinem Traktat *Zum ewigen Frieden* (1795) wollte er Gerechtigkeit an das gebunden sehen, was „öffentlich kundbar gedacht werden kann", und so steht dort ebenso konkret wie aufschlussreich: „Alle auf das Recht anderer Menschen bezogenen Handlungen, deren Maxime sich nicht mit Publizität verträgt, sind unrecht" (Kant Werke XI: 245). Es müsste demnach das, was gesagt und getan wird, jederzeit einer öffentlichen Diskussion standhalten können. Ein sehr aufgeklärtes Motiv, das freilich nichts zu tun hat mit der bizarren Gesetzlichkeit einer gegenwärtigen Mediengesellschaft, die privatesten Banalitäten ans Licht der Öffentlichkeit zu zerren.

Für den Aufklärer hatte Publizität die Form eines Anspruchs, der über Verkündigung und Verlautbarung durch die Obrigkeit hinausweist und daher jederzeit offen für vernünftige Argumente bleiben sollte. Besonders in der Figur des publizierenden und sich damit öffentlicher Kritik aussetzenden Autors etablierte sich seit jener Zeit ein selbstregulatives Ideal bürgerlicher Souveränität, zu dem auch die grundsätzliche Redefreiheit zählt. Kant war einer der Ersten, die diesbezüglich von einem „Recht der Menschheit" im Gegensatz zu spezifischen Rechten einzelner Menschen gesprochen hat. Nicht jeder soll alles sagen dürfen, was er wolle, aber der „öffentliche Vernunftgebrauch" soll jederzeit möglich sein (*Was ist Aufklärung?*, 1784). Damit war die politische Dimension öffentlicher Diskurse gemeint, für die das Recht auf Publizität eingeklagt wurde. Keine politische Willkür, kein religiöser Fundamentalismus sollte in der Sphäre des Öffentlichen bestimmend sein. Natürlich ist die Öffentlichkeit damit stets auch von einem Widerstreit der Meinungen geprägt sowie vom Bestreben, bestimmte Interessen durchzusetzen, und einer jederzeit möglichen Kritik solcher Interessen.

## Öffentliche Meinung

Das 19. Jahrhundert war geprägt von technischen Errungenschaften. Neben neuen Medien wie Fotografie und Telegrafie wurde auch das alte Medium der Publizität, die Druckerpresse, revolutioniert. Drei wesentliche Neuerungen bewirkten eine Industrialisierung des Druckwesens (Kerlen 2003, 140–147):

- Der nach England emigrierte Buchdrucker Friedrich Koenig entwickelte 1812 eine dampfgetriebene zylindrische Schnelldruckpresse, die sogleich Anwendung fand: Als erste Zeitung wurde die Londoner *Times* mit dieser Maschine gedruckt.
- Die Papierherstellung wurde revolutioniert, als es Friedrich Gottlob Keller 1843 gelang, Holzstämme quer zu ihrer Faserlage zu Holzschliffpapier zu verarbeiten, um so das Rohmaterial für die Massenpresse zu liefern (Zeitungen, Hefte und Taschenbücher).
- 1883 schließlich wurde mit der Linotype-Setzmaschine des nach Amerika emigrierten Uhrmachers Ottmar Mergenthaler die seit Gutenberg übliche, behäbige Technik des Handsetzens auf ein industrielles Satzverfahren umgestellt.

Die Quantität an publiziertem Material wuchs exponentiell an, und auch das damit adressierte Publikum vergrößerte sich zusehends. Die demografische Entwicklung galt vielen Experten als Besorgnis erregend; man sprach nun eher von der „Gesellschaft" statt von Gemeinschaft und von der „Masse" statt vom Publikum. Als neue Wissenschaft von der Gesellschaft näherte sich die Soziologie ihrem Gegenstand entsprechend unpersönlich: mittels Normverteilungen, Durchschnittswerten und statistischen Wahrscheinlichkeiten.

Für die Phänomene der Massengesellschaft wurden adäquate Begriffe gesucht. Der Soziologe Ferdinand Tönnies (*Gemeinschaft und Gesellschaft*, 1887) publizierte 1922 eine *Kritik der öffentlichen Meinung*, worin er diese als eine Art Erbschleicher der Religion kritisierte. Statt das französische Lehnwort „Publizität" zu verwenden, sprach man von „Öffentlichkeit", die wiederum – wahrgenommen als bürgerliche Kampfparole und Medium rationaler Kommunikation (Habermas 1962) – ist nicht dasselbe wie „öffentliche Meinung". Letztere war im Sinn des politischen Gemeingeistes zuerst positiv besetzt, wurde später abwertend gebraucht im Sinne eines manipulierbaren Stimmungsbarometers.

Im Gegensatz zur Religion beruht die öffentliche Meinung nicht auf festen Glaubenssätzen, sie gilt vielmehr als flüchtig und flatterhaft. Die Presse des späten 19. Jahrhunderts machte sich zum Organ der öffentlichen Meinung. Sie beanspruchte damit die Rolle einer Kontrollfunktion der damals noch jungen parlamentarischen Politik, die sowohl als Kritik wie als bewusste Manipulation ausgeübt wurde – öffentliche Meinung entsteht nicht einfach, sondern sie wird gemacht. Es gab (und gibt) ein durchaus instrumentelles Interesse an der Existenz des Konstrukts öffentliche Meinung. Der breiten Masse traute man nämlich nicht zu, ihre eigenen Interessen zu kennen und artikulieren zu können. Das führte zum nächsten Schritt, zur Herausbildung von Professionalisten ihrer Manipulation.

## Public Relations und Propaganda

Das Werk, das die neue Diskussion um Öffentlichkeit und damit die Kommunikationswissenschaft ebenso untergründig wie nachhaltig beeinflusst hat, war *Public Opinion* (1922) von Walter Lippmann. Der politische Publizist (er war u. a. Berater des damaligen US-Präsidenten) vertrat die Auffassung, dass der durch neue Kommunikationschancen gestiegene Zugang zu Informationen nicht unbedingt im Ideal des informierten und

kompetenten Bürgers münde, der dazu fähig wäre, an politischen Entscheidungen mitzuwirken. „We are told about the world before we see
it", wie Lippmann kritisierte, und in dieser sekundären Welt regiere nicht
das Urteilsvermögen, sondern das Stereotyp, einer der prominentesten
Begriffe in Lippmanns Buch.

Es bedürfe daher der Experten, der informierten Administratoren,
der wissenschaftlichen Kenner und Publizisten – kurzum jener Funk-
tionseliten, die dazu befähigt wären, die Geschicke der Öffentlichkeit
verantwortungsvoll zu lenken und zu beeinflussen. Lippmann sah in der
Öffentlichkeit „pseudo environments", eine Art künstlicher Umwelten,
geschaffen von Architekten und Steuerungsexperten, die man später Spin
Doctors nennen sollte. Ihr Gebiet waren die Public Relations, abgegrenzt
nach zwei Seiten:

– Propaganda, die öffentliche Verbreitung einer bestimmten Überzeugung oder einer Ideologie zu meist politischen Zwecken;
– Werbung, die öffentliche Beeinflussung von Menschen zu kommerziellen Zwecken.

„Die bewusste und zielgerichtete Manipulation der Verhaltensweisen und
Einstellungen der Massen ist ein wesentlicher Bestandteil demokratischer
Gesellschaften. Organisationen, die im Verborgenen arbeiten, lenken die
gesellschaftlichen Abläufe. Sie sind die eigentlichen Regierungen in unserem Land. [...] Tatsache ist, dass wir in fast allen Aspekten des täglichen
Lebens, ob in der Wirtschaft oder Politik, unserem Sozialverhalten oder
unseren ethischen Einstellungen, von einer relativ kleinen Gruppe Menschen abhängig sind, die die mentalen Abläufe und gesellschaftlichen
Dynamiken von Massen verstehen. Sie steuern die öffentliche Meinung,
stärken alte Kräfte und bedenken neue Wege, um die Welt zusammenzu-
halten und zu führen." (Bernays 2007: 19)

Diese Sätze des amerikanischen Presseagenten Edward Bernays waren affirmativ gemeint, nicht kritisch. „Managing the masses", Lenkung
und Manipulation der breiten Masse hielt er für notwendig, um Chaos
und Konflikt in einer demokratischen Gesellschaft zu überwinden. Die
Professionalisierung der PR im frühen 20. Jahrhundert hat durchaus einen schalen Beigeschmack, der einerseits in der Propagandageschichte
der großen Kriege wurzelt, andererseits in der zynischen Auffassung der
PR-Pioniere, ihr Expertenwissen berechtige sie dazu, als eine Art unsicht-
bare Regierung das Unbewusste der Masse zu manipulieren (*engineering
consent*). Mit dieser Überzeugung beeinflusste Bernays sogar Propagan-
daminister Joseph Goebbels, der solche Methoden für die NS-Politik um-

setzte – die weiteren Quellen reichen hier von der Massenpsychologie des französischen Arztes Gustave Le Bon bis hin zum deutschen Soziologen Johann Plenge, zum Publizisten Emil Dovifat und zum Markentechniker Hans Domizlaff (Bussemer 2005).

1923 veröffentlichte Bernays *Crystallizing Public Opinion* und 1928 *Propaganda* – er bezog sich dabei nicht zuletzt auf den Psychoanalytiker Sigmund Freud, dessen Neffe er war, um die Steuerung des Unbewussten wissenschaftlich zu begründen. PR war für ihn eine Art Ingenieurstätigkeit im Dienste der zielgerichteten Meinungsformung, die im Gegensatz zur freien Meinungsbildung steht. Mit der Gestaltung öffentlicher Kommunikation war Bernays überaus erfolgreich; große Konzerne setzten mit seiner Hilfe kollektiv wirksame Bilder in die Welt, die Mitte des 20. Jahrhunderts bald als normal und alltäglich galten. Viele Alltagsweisheiten sind die Produkte geschickt geplanter PR-Kampagnen, aber auch Vorgaben im Lebensstil: dass Speck und Orangensaft zum amerikanischen Frühstück gehören, dass Zigaretten schick sind und sogar gesund (!) und derlei Dinge mehr. Die Kniffe zur Massenakzeptanz, die Bernays dazu erfand, sind heute überall präsent; er selbst nannte es den „Spin", also den gewissen Dreh, den man einer Sache verleihen müsse, um sie erfolgreich durchzusetzen. Bernays erfand auch die Kommunikatoren oder Drehpunktpersonen, über deren Stellung und Einfluss eine Botschaft an die Öffentlichkeit kommuniziert wird.

Die politische Massenbeeinflussung ist jener Aspekt der Propaganda, den dieser Begriff heute bezeichnet. Während des Zweiten Weltkrieges gab es nicht nur ein NS-Propagandaministerium in Deutschland, sondern auch Propagandaforschungsinstitute in den Vereinigten Staaten. Das verstärkte Interesse an einer Steuerung der öffentlichen Kommunikation entstammt dem strategischen Zusammenhang von Kriegsführung, sozialer Kontrolle und neuen Technologien.

Nach 1945 wurde der Begriff Propaganda im Forschungskontext durch die unverfänglichere Bezeichnung Kommunikation ersetzt, beispielsweise durch Harold D. Lasswell, der ebenfalls über Propagandatechniken publizierte (*Propaganda Technique in the World War*, 1927). Obwohl Lasswell, der als Ahnherr moderner Kommunikationswissenschaft gilt, sich als Liberaldemokrat verstand, argumentierte auch er für die Propaganda als ein Instrument, mit dem die soziale Funktionselite die uninformierten Bürger zu deren Bestem lenken solle.

Merksatz

Public Relations (PR, Öffentlichkeitsarbeit) ist mittlerweile ein Begriff, der selbstverständlich die Planbarkeit und die Manipulierbarkeit von öffentlicher Kommunikation unterstellt. Keine Organisation, kein Unternehmen, keine Partei kann es sich heute leisten, ihre Kommunikation nicht professionell zu managen. Die Grenzen zur Propaganda und zur Werbung, aber auch zum Journalismus sind dabei nicht immer ganz scharf zu ziehen. Informieren, Argumentieren, Überzeugen, Überreden – es gibt viele Arten, die Form der Kommunikation einem Zweck anzupassen. Beeinflussung, also persuasive Kommunikation anstelle von Information und rationaler Argumentation, unterscheidet sich freilich grundsätzlich von Publizität als dem Mittel zur Herstellung einer aufgeklärten Öffentlichkeit.

## Erste Medienforschung

Die akademische Erforschung jener Prozesse, die mit der Herstellung und Kontrolle von Öffentlichkeit zu tun haben, begann relativ spät. Als Vorläufer der heutigen Kommunikationswissenschaft gab es in Deutschland zunächst die historische Zeitungsforschung und Zeitungskunde (Leipzig 1916). Bereits in den Verhandlungen des ersten Deutschen Soziologentages (Frankfurt/Main 1911) schlug Max Weber eine *Enquête über das Zeitungswesen* vor; die soziologische Erforschung der Zeitung als Determinante öffentlicher Meinung wurde allerdings nie durchgeführt (Meyen u. Löblich 2006: 145–159). Als Max Horkheimer 1931 die Leitung des Frankfurter Instituts für Sozialforschung übernahm, zählte er die „soziologische und psychologische Durchforschung von Presse und Publizistik" bereits zu den Aufgaben, denen man mit Befragungen nach Vorbild der amerikanischen Sozialwissenschaft nachzukommen plane. Ein Jahrzehnt später, und schon im New Yorker Exil, war ein Heft der Institutszeitschrift (1941, Nr. 1) ganz den Problemen der modernen Massenkommunikation gewidmet und präsentierte vor allem Ergebnisse zur Radioforschung.

Die moderne Kommunikationswissenschaft entstand im engen Zusammenhang mit den neuen Themen: Propaganda-Analyse, Massenpsychologie, Soziologie und Marktforschung. Sie begann ab ca. 1930 als empirische Medienforschung (*Media Studies*) in den Vereinigten Staaten. Die empirische Kommunikationsforschung hat aber auch europäische Wurzeln. 1932 führte Paul Lazarsfeld eine Hörerbefragung für die „Radio

Verkehrs AG" Wien durch, wenige Jahre später leitete er dann im amerikanischen Exil das „Princeton Radio Research Project". Gegenüber der gesellschaftskritischen Theorie Horkheimers votierte Lazarsfeld für eine „administrative Kommunikationsforschung", die sich bewusst in den Dienst ihrer jeweiligen Auftraggeber stellte.

In Deutschland wurde aus der sogenannten Zeitungswissenschaft erst ab den 1950er-Jahren und nach Übernahme von Methoden der amerikanischen Sozialpsychologie die Publizistikwissenschaft. Die Rolle des Faches im nationalsozialistischen Deutschland, wo alle Publizistik als besonderes „Führungsmittel" galt, wurde erst relativ spät kritisch diskutiert, was mit personellen Kontinuitäten zu tun hatte.

Auch in den Vereinigten Staaten standen Kommunikationsforscher und Medienpsychologen im Dienste der Politik und der psychologischen Kriegsführung des Pentagon (Simpson 1994). Als Wissenschaft galt damals wesentlich alles, was sich dem prägenden Einfluss des Behaviorismus unterwarf. Dies war, kurz gesagt, ein aus der Verhaltensforschung (Iwan Pawlow) stammender psychologischer Ansatz, der über Reiz-Reaktions-Beziehungen (auch: *Stimulus-Response*) und entsprechende Konditionierungen forschte. Jene Beschreibungen und Modelle von Kommunikation, die einen einseitigen Kommunikationsfluss vom Sender zum Empfänger annehmen – bei dem also ein „Kommunikator" seine „Nachricht" über einen „Kanal" zum „Rezipienten" überträgt – haben hier ihren Ursprung.

# 4

# Kulturkritik und Medienwandel

*Kultur und technische Medien stehen in einem gewissen Spannungsverhältnis zueinander. Der technologische Fortschritt wirft grundsätzliche Fragen auf. Ihnen widmete sich um 1940 eine Generation von Kritikern, denen der Medienwandel zumeist eine besondere persönliche Erfahrung bedeutete: europäische Intellektuelle in der amerikanischen Emigration, die den dortigen medialen Alltag bereits als Hyperrealität erlebten.*

## Bildersucht

Im 20. Jahrhundert spielten die Vereinigten Staaten eine Vorreiterrolle in der Verbreitung von Medien – früher als in Europa hielten Radio und Fernsehen Einzug in den Alltag. Entsprechend nachhaltig wirkte sich der Kulturschock aus, den viele politische Emigranten aus Europa in den 1930/40er-Jahren erlebten. Bei so manchem Intellektuellen führte die Konfrontation mit dieser Medienkultur zu einer Kritik, die sich buchstäblich zwischen zwei Welten bewegte und dabei entscheidende Akzentuierungen für die Medientheorie lieferte.

In *Die Welt als Phantom und Matrize. Philosophische Betrachtungen über Rundfunk und Fernsehen* (ca. 1956) reflektierte der deutsche Philosoph Günther Anders die Phänomene des Konsums von Massenmedien und das Verhalten in der Mediengesellschaft. Publiziert wurden sie nach seiner Rückkehr unter dem Titel *Die Antiquiertheit des Menschen*. Die Methode von Anders war gewissermaßen alteuropäisch – von der Phänomenologie Edmund Husserls kommend, hält sie die subjektive Erfahrung fest. Dieser Medienphänomenologie geht es um einen qualitativen Zugang, um ein genaues Hinsehen und eine verdichtete Beschreibung dessen, was sich dabei zeigt (siehe auch Flusser, S. 77). Die empirische Basis soll für Anders darin bestanden haben, in einer New Yorker Bar mit einigen Minuten Sportfernsehen konfrontiert worden zu sein.

Medien waren für Anders eine fortgeschrittene Form der Technik, die nicht dazu dient, Wirkliches zu vermitteln, sondern die Realität schablonenhaft zu überformen. Mit den Medien entstehe eine Hyperrealität, in welcher die Menschen immer weniger Handelnde sind und immer mehr zu Konformisten eines verallgemeinerten Agierens in einem Dasein werden, welches er konsequent als „medial" bezeichnete (Anders 1980: 287). Dies führe zu einer Krise des Menschlichen (deshalb die Rede von einer „Antiquiertheit"), wofür Anders zahlreiche Indizien lieferte, beispielsweise die „Ikonomanie", die neue Bildersucht.

Unter der universell gewordenen Bedingung, dass alles, was ist, vor allem und zuerst „im Bilde" zu sein hat, lade die mediale Reproduktionstechnik die heutigen Menschen zu einer scheinbaren Teilhabe an der ganzen Welt ein. Obwohl es ständig mehr zu sehen gibt, werden Zusammenhänge kaum mehr wahrgenommen. Während kein Ganzes mehr in Aussicht steht, werde „die Simultan-Lieferung völlig disparater Elemente" zum akzeptierten Normalzustand (ebd.: 141). Dem Apparat als neuem Wahrnehmungsdispositiv – was im Fernsehen ist, erhebt auch einen Wahrnehmungsanspruch – könne als struktureller Täuschung kaum mehr kritisch begegnet werden, besonders wenn Medienexperten „uns das Weltbild liefern" und aus ihren Sendefragmenten „ein Ganzes für uns zusammenlügen" (ebd.: 164).

Gelingt es den Menschen tatsächlich nicht mehr, hinter die medial erzeugte Oberfläche zu dringen? Sind sie zum Verlust ihrer Urteilsfähigkeit verurteilt? Das Problem bestehe in der Tatsache, dass „die Ereignisse zu uns kommen, nicht wir zu ihnen" – während die philosophische Frage bislang darin bestand, wie der „Mensch zur Welt" kommt, dreht sich mittlerweile alles nur darum, wie die „Welt zum Menschen" kommt (ebd.: 213). Dass mit den Medien und ihrer Form der Wirklichkeitsaneignung die traditionelle Ontologie von Sein und Schein ins Wanken gerät, ist das zentrale Fazit dieser Analyse.

„Die Frage: ‚Sind wir anwesend oder abwesend?' ist tatsächlich gegenstandslos. Aber eben nicht deshalb, weil die Antwort ‚Bild' (und damit ‚abwesend') sich von selbst verstünde; sondern weil das Eigentümliche der durch die Übertragung geschaffenen Situation in deren *ontologischen Zweideutigkeit* besteht; weil die gesendeten zugleich anwesend *und* abwesend, zugleich wirklich *und* scheinbar, zugleich da *und* nicht da, kurz: weil sie Phantome sind." (Anders 1980: 131)

Anders demonstriert anhand vieler Details, wie die Wirklichkeit nach dem medialen Vorbild umgestaltet wird. Er verdammt nicht ideologiekritisch den medialen Betrug, sondern entschlüsselt ihn phänomenologisch: Es wird gezeigt, wie hier eine Art Zwischenraum entsteht, in dem sich der Eigensinn des Medialen entfaltet. Dass dies nicht nur negative Seiten hat, gestand Anders am Beispiel der Fernsehbilder vom Vietnamkrieg zu: Wahrgenommene Bilder sind nicht die Realität, aber sie sind besser als nichts. Es wäre sonst auch kaum erklärbar, dass jene Kriegsbilder eine breite Protestbewegung auslösten.

> Merksatz
>
> **Medien setzen die Zuschauer zwar ins Bild, wobei sie aber weniger die Aspekte des wirklichen Geschehens vermitteln, sondern diese stets mitkonstruieren. Der Produktionsprozess (von der Technik bis zur Redaktion) nimmt ein Wahrnehmungsurteil vorweg, indem er selektiert und filtert.**

Medienbilder sind nicht das Ereignis selbst, sondern liefern eine selektive Sicht der Dinge nach einem vorgefassten Deutungsschema. Zur Macht der Medien gehört, dass die Ereignisse zunehmend im Hinblick auf die Möglichkeit ihrer Medienwahrnehmung gestaltet werden. Die ritualisierte Darbietung von Selbstinszenierungen der Politik in Nachrichtensendungen ist dafür das beste Beispiel.

## Kritik der Kulturindustrie

Ebenfalls geprägt durch das Exil in den Vereinigten Staaten ist ein Text, dem die Medientheorie ein ganz zentrales Konzept verdankt: die *Dialektik der Aufklärung* und daraus besonders das Kapitel „Kritik der Kulturindustrie". 1944 als Gemeinschaftsarbeit von Max Horkheimer und Theodor W. Adorno verfasst, 1947 und erneut 1969 publiziert, hat der Text unzählige Neuauflagen erlebt. Er ist eigentlich nur verständlich, wenn man ihn in den größeren Forschungszusammenhang des damaligen Frankfurter Instituts für Sozialforschung stellt, wo in empirisch gestützter Forschung zeitdiagnostische Studien erstellt wurden; diese Publikation heißt daher im Untertitel *Philosophische Fragmente*.

Chiffre des Titels und zentraler Punkt der Kritik ist der Umschlag von industriellem Fortschritt in kulturelle Regression. Angesichts politischer Mythen (Nationalsozialismus und Faschismus) war die Frage zur Dialektik von Freiheit und Unterdrückung (der Natur, der Sinnlichkeit, der Juden, der Frauen) als Preis der abendländischen Zivilisation aufgeworfen. Die Autoren verfolgten die Geschichte der Moderne bis zurück zu den antiken Gründungsmythen (Homers *Odyssee*), in denen sich Spuren der

Unterdrückung finden (nur der gefesselte Odysseus kann den Gesang der Sirenen hören). Dass eine verkürzte und falsch verstandene Aufklärung auch im Zynismus enden kann, ist Thema des Kapitels über Kulturindustrie (Horkheimer/Adorno 1969: 128–176). Diesen Begriff erläuterte Adorno rückblickend: „In unseren Entwürfen war von Massenkultur die Rede. Wir ersetzten den Ausdruck durch ‚Kulturindustrie‘, um von vornherein die Deutung auszuschalten, die den Anwälten der Sache genehm ist: dass es sich um etwas wie spontan aus den Massen selbst aufsteigende Kultur handele, um die gegenwärtige Gestalt von Volkskunst. Von einer solchen unterscheidet Kulturindustrie sich aufs äußerste. Sie fügt Altgewohntes zu einer neuen Qualität zusammen. In all ihren Spielarten werden Produkte mehr oder weniger planvoll hergestellt, die auf den Konsum durch Massen zugeschnitten sind und in weitem Maß diesen Konsum von sich aus bestimmen." (*Résumé über Kulturindustrie*, 1963 – in: Pias et al. Hrsg. 2004: 202)

Natürlich spricht aus diesen Worten die Erfahrung einer Generation, die mit bürgerlichem Kunstsinn aufgewachsen ist, aber noch ganz ohne Massenmedien. Damals war es unvorstellbar, dass Kulturproduktion auch dem Profitinteresse gelten kann. Gerade im Erleben der amerikanischen Kultur mit ihren Radioshows, Cartoons und der Hollywood-Filmindustrie zeigte sich für die Frankfurter Schule die Regressivität einer radikalisierten Medienmoderne. Standardisierte Produktionen und vorgezeichnete Reaktionen entmündigen das Publikum, dem kein ästhetischer Genuss mehr zuteil werde, sondern nur mehr stumpfes Wiedererkennen. Zuhörer und Zuseher würden vollkommen entlastet und zu passivem Konsum fertiger Kulturwaren verdammt, alles drehe sich ausschließlich ums Geld, jede kulturelle und geistige Produktion werde statt der Erkenntnis einem Gewinnstreben unterworfen.

Diese pessimistische Kritik an der Homogenität der kommerziellen Medienindustrie, die einseitige technische und psychologische Manipulation und damit eine starke kognitive Medienwirkung unterstellt, ist angesichts der weiteren Medienentwicklung hinterfragbar geworden. Dennoch stecken in dieser Diagnose der Massenmedien bis heute gültige Einsichten auf folgenden Ebenen:

- Medienökonomie: Medienproduktionen folgen den Marktgesetzen; an der Gigantomanie der Filmindustrie ist ablesbar, dass es weniger um die Inhalte geht als um die „zur Schau gestellte Investition" (Horkheimer/Adorno 1969: 132). Umgekehrt ist von der Produktion tendenziell ausgeschlossen, wer nicht über die entsprechenden Finanzmittel verfügt.

- Medienästhetik: Vereinheitlichung der Produktionsästhetik gilt als Erfolgsrezept des Mainstream-Medienangebots. Spezifische „Verbote in Syntax und Vokabular" (ebd.: 136) unterwerfen alle Inhalte einem übergeordneten Schema. Dieses ist, trotz permanenten Zwangs zu immer neuen Effekten, gekennzeichnet durch die rituelle Wiederholung ähnlicher Muster. Wichtig ist nicht was, sondern wie gesehen wird und welche Sprachregelung jede Wahrnehmung begleitet.
- Medienpsychologie: die Nutzung der Medienangebote folgt dem Muster der alltäglichen Probleme und Defizite. So spiegle Hollywoods Traumfabrik dem Publikum ein Glück vor, das es selbst nie haben wird, und wenn im Cartoon Donald Duck Prügel bezieht so nur, „damit die Zuschauer sich an die eigenen gewöhnen" (ebd.: 147). Im medialen Unterhaltungs- und Informationsangebot sind versteckte normative Vorgaben enthalten.
- Medientechnik: als bezeichnend wird festgehalten, dass es „keine Apparatur der Replik" (ebd.: 130) gebe, also keinen Rückkanal. Dafür stehen aber keine technischen, sondern organisatorische und politische Gründe. Dies war eine Anspielung auf die Zeit der frühen Funkamateure und auf die Utopie eines emanzipatorischen, selbstbestimmten Mediengebrauchs.

Der Mediengebrauch ist in allen Facetten des gegenwärtigen Mainstreams immer noch fremdbestimmt und vollkommen der Ökonomie von Quoten unterworfen. Inzwischen ist aber auch deutlich geworden, wie sehr gerade der technische Wandel die Medienlandschaft bestimmt. Medien erweitern den Wahrnehmungs- und Ausdrucksspielraum um oft unerwartete Akzente, oder es werden neue Nutzungsebenen erschlossen (E-Mail und SMS sind Beispiele für vom Markt nicht geplante Kanäle). Auch produktionsseitig lässt sich eine kommerzielle und ästhetisch homogene Medienkultur nicht lückenlos durchsetzen, immer wieder entsteht eine unabhängige Medienszene, vom Piratenradio über Medienaktivisten (Indymedia) bis hin zu freien Weblogs (Blogosphäre). Nicht alles, was im Kino läuft, stammt aus Hollywood, und nicht alles, was ein Computer leistet, verdanken wir Microsoft. Auch die politische Ebene ist nicht völlig determiniert, wie die kritische Debatte zum Datenschutz zeigt. Entgegen der Befürchtung von Horkheimer und Adorno erstarren Mediennutzer also nicht in passiver Unmündigkeit, sondern bilden eigene Formen des Umgangs mit Medieninhalten aus. Sie können sich außerdem durchaus dessen bewusst sein, in ihrem Medienkonsum auch nur ganz banal unterhalten zu werden.

## Kultur und Technik

Es ist in vielerlei Hinsicht illusionär, sich eine Befreiung von der medialen Apparatur vorzustellen. Zu bequem sind der Moderne ihre Beobachtungs- und Messinstrumente geworden, kaum eine Wahrnehmung ist mehr vorstellbar ohne Unterstützung durch all das Gerät, das wie selbstverständlich zum Teil unseres Alltags und als technisches *Gadget* sogar Teil unserer Persönlichkeit wurde. Kino und Radio, Video und Fernsehen, Handy und Internet sind Medientechnologien, mit denen heute jedes Kind aufwächst. Man kann sich teilweise verweigern, aber es gibt keinen Ausschaltknopf für das Mediensystem, welches unsere Umwelt bestimmt. Kaum jemand, der unter Bedingungen der Medienmoderne lebt, kann sich ihrem Einfluss entziehen. Technik ist auch als Medientechnik ein entweder hilfreiches oder lästiges Beiwerk, das der Mensch aber unter keinen Umständen wieder ablegen könnte. Robinson Crusoe, der einsam auf einer unbewohnten Insel gestrandete Romanheld, ist eine eingängige Metapher dafür, wie die Menschen ständig damit beschäftigt sind, ihre Zivilisiertheit aufrechtzuerhalten und zu reproduzieren.

Es gibt keinen medienfreien Zustand. Werkzeuge, Instrumente, Apparate und Medien begleiten die Entwicklung der Zivilisation, sind Bedingungen der Möglichkeit von Erkenntnis. Eine klare Grenzziehung zwischen Natur und Kultur oder zwischen Kultur und Technik ist nicht möglich. Alles deutet darauf hin, dass Menschen aus ihrer biologischen Verfassung heraus über lange Zeiten hinweg den Prozess der *Exteriorisierung* (Gedächtnisauslagerung) vorangetrieben und dabei lebensnotwendige Kulturtechniken, Werkzeuge, Apparate und damit auch Speicher- und Übertragungsmedien geschaffen haben. Nach einem Wort von Paul Valéry ist es der größte Triumph des Menschen über die Dinge, dass er es verstanden hat, die Wirkungen und Früchte der Arbeit vom Vortag auf den nächsten Tag zu übertragen und damit ein kollektives Gedächtnis auszubilden. In der Übertragungsleistung, die unterschiedlichste Formen (Archive, Traditionen, Praktiken) angenommen hat, interagieren Kultur und Technik (Debray 2003).

## Mängelwesen

Der Mensch ist ein Mängelwesen, das äußerer Hilfsmittel bedarf und daher auch Sprache erfand, wusste schon J. G. Herder (siehe S. 18). Aber Sprache ist auch eine Technik, analog zum Werkzeuggebrauch. Nach

der einflussreichen Theorie des französischen Paläontologen André Leroi-Gourhan überwinden technische und symbolische Operationen
– Werkzeuggebrauch und Sprachgebrauch – gleichursprünglich die Defizite des menschlichen Wesens. Beide werden als Techniken tradiert und
mit jeder Generation neu erfunden. Die Übermittlung von Wissen und
Praktiken stellt sich der prähistorischen Archäologie als eine mediale
Grundfunktion dar; am kulturellen Ursprung steht die Medialisierung
von Körperfunktionen: Der Faustkeil verstärkte die Funktion der Hand,
der Wurfspeer verlängerte die Reichweite des Arms, und die Freisetzung
der Sprechwerkzeuge diente der Orientierung, da kollektive Erzählungen
und rhythmische Erinnerungen (Mythen) die Gemeinschaft festigen. In
weiterer Folge entstand sukzessive die Fähigkeit, Gedanken symbolisch
zu fixieren (Gesänge, Bilder, Schriften) und sie damit für nachfolgende
Generationen zu speichern. Dies objektiviert menschliche Fähigkeiten
und befreit das individuelle Gedächtnis in dem des Kollektivs (Leroi-
Gourhan 1995: 273–332).

Diese Entwicklung ist immer funktional im überindividuellen Sinne,
wobei Technik die Reaktion auf gestiegene Komplexität ist. Ein solcher
Ansatz ist medientheoretisch von Bedeutung, denn die Entwicklung
von komplexen Kulturtechniken kann evolutionsgeschichtlich als eine
fortlaufende Befreiungsgeste interpretiert werden, nicht als Zerfall oder
Degeneration einer ursprünglich natürlichen zu einer künstlichen Form.
So werden bei Leroi-Gourhan technische Intelligenz und symbolische
Kompetenz gleichursprünglich aus der menschlichen Fähigkeit zum auf-
rechten Gang abgeleitet. Geht der Mensch auf zwei Beinen, so entlastet
er die Hand als Fortbewegungsorgan, und sie kann sich zum Greiforgan
ausbilden. Dies entlastet den Mund als früheres Greiforgan und befreit
ihn im Zusammenhang mit einer fortgeschrittenen neuro-motorischen
Organisation zum Sprechorgan. Sprechen und Greifen (*Hand und Wort*,
daher der Buchtitel von Leroi-Gourhan 1964/65) bilden eine Rückkopp-
lungsschleife und sind damit funktionsäquivalent. Nicht zufällig ist im
sprachlichen „Begriff" oder im verstandesmäßigen „Begreifen" diese
Spur des Haptischen aufgehoben.

Nicht Verständigung, sondern das Speichern und Verteilen von Informationen ist die Kulturleistung. Das Übertragen von Wissen erfolgt unabhängig von subjektiven Absichten, es entspricht bio- und technogenen
Codierungen (Schriftformen, Datenträger, Kanäle etc.). Leroi-Gourhan
hat dargelegt, wie in einer langen Geschichte der Zivilisation biologische
Anlagen in Technik und symbolisierende Apparate übersetzt wurden, wie
also menschliche Anlagen und Medienevolution zusammenhängen. Der

Weg führte von einer direkten Motorik der handwerklichen Gesten zur indirekten Motorik der Maschinen und von da zu komplexen Programmen in den Automaten und Apparaten. Neuere Errungenschaften wie Computer wären dann noch in einer Kontinuität jener Mechanisierung zu sehen, die von der Entlastung des Gedächtnisses durch die Schrift über die Rationalisierung des Schreibens im Druckverfahren zur Entwicklung von Mikroelektronik und der Vernetzung von Wissensressourcen führt – mit noch unabsehbaren Folgen.

> Merksatz
>
> **Während der Kulturpessimismus mit einer Logik des Zerfalls argumentiert, die mit zunehmender Technisierung auch zunehmende Regression verbindet, und die Rede von Medienrevolutionen radikale Brüche und Zäsuren setzt, bietet sich die Perspektive einer Medienevolution als Alternative an. Medientechnologien und menschliche Wahrnehmung stehen im Verhältnis einer Gegenabhängigkeit, die einer kontinuierlichen Anpassungsleistung entspricht und nicht einem gewaltsamen Sprung ins vermeintlich Bessere oder Schlechtere.**

## Prothesengott

Immer wieder vermuteten Kulturpessimisten in den neuen Apparaten und Medien eine kulturelle Bedrohung. Eine der bekanntesten Auseinandersetzungen mit dem Eindringen der medialen Apparate in den Alltag stammt von Sigmund Freud, der Ende der 1920er-Jahre seinem *Unbehagen in der Kultur* Ausdruck verliehen hat. In diesem kulturkritischen Essay schrieb der Wiener Begründer der Psychoanalyse die Geschichte vom Menschen als einer Art Mängelwesen fort. Menschen können sich nur durch Kulturleistungen vom Naturzwang emanzipieren, nur indem sie durch Werkzeuge und Medien ihre schwachen organischen Kapazitäten verstärken. Freud nannte als Beispiele die Motorentechnik, Schiffe und Flugzeuge, Brille, Fernrohr und Kamera, aber auch die neuen Medien der Telekommunikation.

Ein derart motorisch wie sensorisch erweiterter Mensch nähere sich einem göttlichen, über der Natur stehenden Ideal an. In dieser seiner künstlichen Gottähnlichkeit wird der moderne Mensch jedoch nicht unbedingt glücklich, ist er doch nur „eine Art Prothesengott geworden, recht großartig, wenn er alle seine Hilfsorgane anlegt, aber sie sind noch nicht mit ihm verwachsen und machen ihm gelegentlich noch viel zu schaffen" (Freud 1974: 222). Der Ausdruck „Prothese" deutet nicht nur auf einen Mangel, den diese kompensieren soll. Prothesen sind im Fall einer Behinderung Hilfe und Ersatz für verlorene Glieder, im Normalfall allerdings verstärkt prothetische Technik vorhandene Kapazitäten, wie es schon bei einer Brille oder einem Fernrohr der Fall ist. Auch Medien erfüllen teilweise eine solche Verstärkerfunktion, denn sie sind Prothesen der Weltwahrnehmung und der Verständigung.

Wissenschaft und Technik, die den Menschen über seinen Zustand als schwaches Tierwesen hinauswachsen lassen, haben ein ambivalentes Potenzial. Einerseits dienen sie zur Regelung der Sozialbeziehungen, wobei Institutionen entstehen. Andererseits bilden sie ein objektivierendes Bollwerk gegen die Natur, um diese menschlichen Zwecken zu unterwerfen. Diese Problematik sollte dann, wie oben skizziert, bei Horkheimer und Adorno als *Dialektik der Aufklärung* diskutiert werden.

Beherrscht der Mensch nun die Technik, oder wird er von ihr beherrscht? Sind Maschinen und die neuen Apparate und Medien legitime Erben einer Handwerkstradition, mit der Menschen sich ihre Lebenswelt gestalten, oder dringen damit technische Imperative in deren Lebenswelt ein? Diese Fragen durchziehen alle Diskurse des 20. Jahrhunderts. Es gab spekulative Antwortversuche und auch pessimistische Prognosen, vor allem aber wurde zu wenig auf die produktive Kraft geachtet, die der Technik eigen ist. Nur Massenproduktion senkte die Preise und steigerte die Verfügbarkeit der Produkte. Ebenso ist Massenkommunikation ohne entsprechende technische Grundlagen nicht möglich.

## Das Paradox der Kommunikation

Mit dem Bild der Prothese, die dem Menschen zu schaffen macht, ist der Eigensinn des Technischen skizziert. Entstand aus der Mechanisierung des Handwerks die dampfgetriebene Maschinenwelt des Industrialismus, so schien mit den medialen Apparaten hierin eine neue Qualität erreicht. Wesentlich für die Medientheorie ist daran die Verabschiedung der Vorstellung, dass Maschinen, Apparate oder Medien ganz neutral ihre Aufgaben erfüllen. Dieser neuen Qualität widmete sich der amerikanische Publizist Lewis Mumford mit einer Geschichtsphilosophie der Technik, die in vielen Medientheorien untergründig weiterwirkt (etwa bei McLuhan, siehe S. 73).

In *Technics and Civilisation* (1934) thematisierte Mumford die Perspektiven der industriellen Revolution, welche ihrerseits die frühere Phase der Werkzeugkultur abgelöst hat. Diese bezeichnete er als „eotechnische Phase", die abhängig vom Werkstoff Holz und der Energiequelle Wasserkraft war. Nach dieser quasiorganischen Ära brach das Regime von Eisen und Kohle an, die Industrialisierung als der „paläotechnische" Alptraum. Nun sei im 20. Jahrhundert, in der „neotechnischen" Zeit, eine Reorientierung bemerkbar, mit der die Technik wieder dem Leben diene, statt es zu unterwerfen – eine Auffassung, mit der Mumford nach den Ereignissen des Zweiten Weltkrieges wieder gebrochen hat (*The Myth of the Machine*, 1967). Nun prägte er den Begriff der „Megamaschine", um damit jenen technischen Eigensinn zu kritisieren, der sich auf alles Lebensweltliche ausdehne.

Eine technisch gestützte Lebenswelt hilft dem Organismus, seine natürlich gesetzten Grenzen auszuweiten (Mumford erwähnt die motorisierte Fortbewegung und die Flugreisen), und sie konkretisiert die Welt in neuer Form, eben als Medienwirklichkeit. Fotografie, Musikkonserven und Kinobilder dienen als Medien der Potenzierung menschlicher Persönlichkeit. Als Kulturkritiker fragte Mumford nach der Bedeutung dieser Entwicklung, mit der sich ja auch ein gewisses Unbehagen (Sigmund Freud) einstellt. Ist den neuen Technologien nicht die Tendenz eigen, sich von ihren ursprünglichen Zwecken loszulösen und Selbstzweck zu werden? Ihre Anwendung erfolgt dann nicht länger aufgrund eines Bedarfs, ihre Nutzer erliegen dem Eigensinn der technischen *Gadgets* und der künstlich erzeugten Bedürfnisse. So diagnostizierte Mumford ein „Paradox of Communication", da wir nicht mehr sicher sein können, was letztlich der soziale Effekt der technischen Medien sein wird – eine Verstärkung oder die Behinderung menschlicher Kommunikation (Mumford 1934: 343).

Hier klingt freilich eine kulturpessimistische Wertung durch aufgrund jener Erfahrungsabstraktion, die mit der steigenden Medialisierung der Kommunikationsverhältnisse eintrete. Eine oft zu findende Unterscheidung hat sich aus dieser Betrachtungsweise entwickelt, die jedoch vereinfachend und logisch nicht ganz schlüssig wie folgt angelegt ist:

- *Primäre Medien* sind die an den Körper gebundenen Darstellungsmittel, die im zwischenmenschlichen Kontakt eingesetzt werden (typischerweise also die Sprache im direkten Austausch *Face-to-Face* oder auch direkte Präsentierungen wie Tanz und Gesang).
- *Sekundäre Medien* stützen sich auf technisch hergestellte Zeichen, wobei es zur Wahrnehmung aber keiner Technik bedarf (Schrift und

Druck als Medium, das zwischen einem Autor und seinen Lesern vermittelt; Präsentierungen auf technischer Grundlage wie Theater und Kino).

– *Tertiäre Medien* schließlich bedürfen auf Empfängerseite der Technik, wie es bei den modernen Telekommunikations- und Speichermedien der Fall ist (Telefon, Radio, Musikanlagen, Fernsehen).

Dieses Modell, das durch weitere Differenzierung auch nicht besser wird, ist gefärbt von einer impliziten Wertung einer steigenden Erfahrungsabstraktion. Die Logik einer Medienerfahrung unterscheidet sich jedoch ästhetisch wie kognitiv von einer Primärerfahrung und ist mit dieser weder vergleichbar noch ein Substitut für sie. Außerdem erlaubt gerade die avancierte Form der neuen Medien einen Grad an Mobilisierung, Personalisierung und Individualisierung von Kommunikation, der es fraglich macht, ob der kulturpessimistische Unterton, mit dem der zunehmende Einsatz von Technik in diesem Modell thematisiert wird, tatsächlich gerechtfertigt ist.

Mumford jedenfalls hat durchaus die Vorteile der Technisierung gesehen, die ja neue Möglichkeiten schafft, und sprach gerade deshalb von einem Paradox der Kommunikation: „Communication is now on the point of returning, with the aid of mechanical devices, to that instantaneous reaction of person to person with which it began" (Mumford 1934: 239). Geprägt vom Optimismus der technischen Möglichkeiten war die Wissenschaft der Kybernetik, deren Konzept beide Seiten, die der Technik wie die der Kommunikation, auf radikal neue Art zusammenführte.

# 5

# Kybernetik

*Der Zweite Weltkrieg brachte entscheidende neue Kommunikations-aufgaben mit sich. Für Kriegszwecke wurden neue Technologien wie Radar entwickelt, und erstmals kamen Computer zum Einsatz, als es um die Dechiffrierung von Funkbotschaften ging. Die Berechnung von Flugbahnen und die automatische Steuerung von Abwehrge-schützen verlangten nach präzisen Instrumenten. Die Automatisie-rung der Produktion in den Fabriken wurde intensiviert. Es war die Zeit der Kybernetik, die als interdisziplinäre Wissenschaft von der Struktur komplexer Systeme Kommunikation als Informationsverar-beitung neu konzipierte. Ihre Wirkung geht weit über Regelungstech-nik hinaus, ihr Vermächtnis sind systemorientierte Ansätze, Infor-mationstheorie und Konstruktivismus.*

## Steuerung und Kommunikation

Kommunikation als technischer Prozess kann linear gedacht werden, wenn etwas von einem Sender zu einem Empfänger hin übermittelt wird. Im Raum sozialer Verständigung ist dieser Fall eher ungewöhnlich und abstrakt, da man sich stets in einem Netz von Kommunikationen befin-det. Im Bereich der Technik hat man es ebenfalls mit einem komplexeren, nichtlinearen Aufbau zu tun – besonders seit mechanisch-analoge Bau-teile in Apparaten zunehmend durch Elektronenröhren, Transistoren und integrierte Schaltkreise abgelöst wurden. Um die Mitte des 20. Jahrhun-derts setzte sich eine neue Auffassung von Kommunikation durch, in der zirkuläre Kausalität, Feedback-Mechanismen und Steuerungsprozesse in Lebewesen und in technischen Systemen eine zentrale Rolle spielten.

Damit hielt der neue operationale Begriff „Information" Einzug in die Kommunikationswissenschaft – ein Formbegriff, der ein Maß für Veränderung im Zustand eines Systems ausdrücken sollte. Information, Kommunikation, Steuerung und Kontrolle waren Zentralbegriffe dieses Neuansatzes, der sich wesentlich den in verschiedenen Kriegsprojekten gemachten Forschungen verdankte. Dazu gehörte die Lösung von Problemen der Flugabwehrartillerie, wo es darum ging, die Flugbahn eines Geschosses vorauszuberechnen. Hier tauchte das spezifische Problem von Rückkopplungs-Handlungen in technischen Abläufen auf, mit daraus folgenden Fragen zur automatischen Steuerung. Kommunikation wurde in einem spezifischen Sinn mit Kontrolle in Verbindung gebracht, was als systematische Regelung bzw. Steuerung nach bestimmten Werten zu verstehen ist. Es handelt sich also um einen technischen Kommunikationsbegriff, der nichts mit Verständigung zu tun hat, sondern der einer programmierbaren Gerätetechnik entspricht. Der amerikanische Mathematiker Norbert Wiener wählte dafür in einem populärwissenschaftlichen Artikel (*Scientific American*, 1948) den Ausdruck „Cybernetics": „Kybernetik wurde als Begriff geprägt, um einen neuen Wissenschaftsbereich zu definieren. Unter einer einzigen Überschrift vereinigt er die Erforschung dessen, was im Zusammenhang mit dem Menschen manchmal etwas vage als Denken beschrieben wird und was auf technischem Gebiet als Steuerung und Kommunikation bekannt ist. [...] Die neuere wissenschaftliche Beschäftigung mit Automaten, ob aus Metall oder Fleisch, bildet einen Zweig der Nachrichtentechnik, und ihre Hauptideen sind diejenigen der Nachricht, des Störungsgrades oder ‚Rauschens' (ein Begriff der Fernsprechtechnik), der Quantität der zu übertragenden Informationen, der Kodierungsverfahren usw." (Wiener 2002: 15 bzw. 19)

Automatisierung bedeutet, dass in der arbeitsintensiven Industrieproduktion Menschen zunehmend durch die Maschinen ersetzt wurden. Eine Persiflage auf die umfassende Taylorisierung der Arbeitswelt lieferte bereits der Stummfilm *Modern Times* (1933/36) von Charles Chaplin. Doch stupide Fabrikarbeit, meinte Norbert Wiener, ist schließlich nicht das, wofür der menschliche Organismus geschaffen sei; die Aufgabe wäre, solche Dinge an Maschinen zu delegieren. Nicht nur die Arbeit am Fließband, sondern alle repetitive Tätigkeit (wie Katalogisieren und Rechnen) könnten einst vollständig durch Automaten erledigt werden. Er bezeichnete dies als zweite industrielle Revolution: „Die Ersetzung nicht nur des Menschen als direkter Energiequelle, sondern auch des menschlichen Verstandes als Lieferant einfacher Entscheidungen durch künstliche Apparate." (ebd.: 208)

## Information und künstliche Intelligenz

Seit 1890 bei der elften Volkszählung in den Vereinigten Staaten das elektromechanische Zähl- und Sortiersystem von Herman Hollerith erfolgreich eingesetzt wurde, hat sich über Jahrzehnte hinweg eine kommerzielle Büromaschinen-Technologie entwickelt. Denn sowohl in der Verwaltungstechnik als auch im Bereich der Ingenieurswissenschaften war der Bedarf an rechenintensiven Arbeiten kontinuierlich steigend. Zunächst wurden auf analoger Basis arbeitende Rechenautomaten eingesetzt. Dabei stellte sich die Frage, wie viel am Prozess des *Computing* sich an eine Maschine delegieren lässt. Von anfänglichen Überlegungen bei G. W. Leibniz (duales Zahlensystem) bis Charles Babbage, der zwischen 1821 und 1833 den ersten analogen Computer (*Difference Engine*) baute, lautete die Antwort: recht viel. Seefahrt, Statistik, Astronomie, prozessgesteuerte Produktion, Lohnverrechnung – überall gab es Bedarf an Rechenleistungen.

## Merksatz

Gerade an den digitalen Technologien tritt mittlerweile deutlich hervor, dass Medien nicht nur der Verständigung dienen, sondern zuerst dem Speichern und Verarbeiten von Daten. All die informationellen Prozesse, die auf sinnlich wahrnehmbaren Oberflächen (*Interfaces*) Inhalte präsentieren, manipulieren Daten. In den 1950er-Jahren wurde damit begonnen, den Schritt vom Rechner zum Medium sowohl technisch zu bewerkstelligen wie erkenntnistheoretisch auszuloten. Dabei tauchte im Diskurs der Kybernetik „Information" als neuer Kunstbegriff auf und trat neben den der Kommunikation.

Im Sinne der angesprochenen zweiten industriellen Revolution beschreibt der Begriff „Information" nichtmaterielle Prozesse der Steuerung und Regelung. „Information is information, not matter or energy" (Wiener 1965: 132). Statt Kraft, die auf Materie einwirkt (physische Bearbeitung), oder Energie, die aus Materie gewonnen wird (Verbrennung), wirkt Information als ein Formprinzip (Selektieren, Unterscheiden).

Erst die Transistortechnik erlaubte den Bau komplexer elektronischer Schaltungen und ermöglichte damit Geräte, die neue Anwendungsbereiche jenseits analoger Mechanik erschlossen. Doch erst wenn solche Maschinen lernfähig wären, könnten sie nicht mehr als rein mechanisch angesehen werden – hier beginnt die Frage nach der künstlichen Intelligenz. Der britische Mathematiker Alan Turing, von dem das erste mathematische Modell einer universalen Rechenmaschine (1936) stammt, publizierte 1950 eine Abhandlung über ein *Imitation Game* (der sogenannte *Turing-Test* zur Unterscheidbarkeit von menschlicher und künstlicher

Intelligenz). Er eröffnete sie mit dem immer noch provokanten Satz: „I propose to consider the question, Can machines think?" Damit war die Frage gestellt, ob Computer letztlich nicht viel mehr sind als bloße Rechengeräte: Prothesen des Geistes nämlich, die aber jenseits der biochemischen Grundlage von lebenden Organismen operieren.

Turings Antwort auf die Frage, ob Maschinen denken könnten, fiel tendenziell positiv aus, vor allem da er das, was „denken" bedeutet, rein operational verstand, was den Unterschied zwischen Mensch und Maschine relativiert. Das automatische Verarbeiten von Informationen ist allerdings noch kein intelligentes Verhalten. Doch Turings Theorie zeigte Berechenbarkeit als eine Form von Abstraktion, die bei der Bearbeitung eines Problems von Vorteil sein kann, wobei Sinn und Bedeutung zugunsten technischer Prozesse (wie der automatischen Abwicklung nach einem bestimmten Muster) zurücktreten. Gegenwärtig entstehen wissensbasierte Systeme, deren technische Struktur unabhängig von menschlichem Begreifen funktioniert (Mainzer 2003). Auch für die Kommunikation gilt, dass sie in dieser Hinsicht vorrangig als nachrichtentechnisches Problem erfasst werden musste.

## Mathematische Kommunikationstheorie

Die ab 1900 rasch wachsenden städtischen Telefonnetze erforderten eine erhöhte Kapazität der Vermittlungsämter, die durch personelle Aufstockung, zunehmend aber durch effektivere Vermittlungstechnik erreicht wurde. Die Herstellung einer Verbindung erfolgte anfangs manuell, durch Steckverbindungen. Die Automatisierung der Telefonvermittlung bedeutete einen wichtigen Schritt in Richtung moderner Datenverarbeitung: Angewählte Nummern mussten gespeichert werden, bis die Verbindung zustande kam; die Nummern mussten außerdem nach den verschiedenen Leitwegebenen analysiert werden. Die Automatisierung der Netzsteuerung durch elektromagnetische Systeme begann unter Bedingungen einer wachsenden Systemkomplexität. Aus der Verbindung von Telekommunikation und Datenverarbeitung entstand ein neuer Technologiebereich, die *Telematik* mit aktuellen Ausprägungen wie *E-Commerce* und *E-Learning*.

In den Forschungslabors der amerikanischen Telefongesellschaften AT&T und Bell wurde zuerst an der Elektronisierung des Vermittlungssystems und an der Optimierung der Übertragungstechnik in Telefonleitungen gearbeitet. Hier forschte Harry Nyquist in den 1920er-Jahren an Fragen zur Bandbreite von Informationsübertragung (*Intelligence transmission*) in Kanälen. Kommunikationsprobleme traten vor allem bei neuen Anwendungen auf, da die Signalübertragung bei Telefax, Telefonie und Funk komplexer wurde als beim einfachen Morsecode der Telegrafie. Auch Ralph Hartley zählt zu den Pionieren der Informationstheorie, der sich vor allem der Messbarkeit von Signalübertragung und der Kanalkapazität widmete. In dieser Form wurde Kommunikation ganz im technischen Sinn aufgefasst und die Informationstheorie auf nicht hermeneutischer Basis begründet (d. h. unabhängig von Sinn und Bedeutung oder Verständigung). Die bekannteste Fortsetzung der Forschungen Nyquists und Hartleys lieferte der Mathematiker Claude E. Shannon an den *Bell Laboratories* mit einer Arbeit zum Problem des Informationsverlustes (*Noise*, Signalstörung) in einem Kanal. Im Magazin des Konzerns veröffentlichte Shannon seine Überlegungen: „The fundamental problem of communication is that of reproducing at one point either exactly or approximately a message selected at another point. Frequently the messages have meaning; that is they refer to or are correlated according to some system with certain physical or conceptual entities. These semantic aspects of communication are irrelevant to the engineering problem." (Shannon 1948: 379)

**Kommunikation im nachrichtentechnischen Sinn gilt der Vermeidung von Übertragungsfehlern zwischen einem Sender und einem Empfänger. Claude E. Shannons mathematisches Modell enthält die zentrale Aussage, dass das technische Funktionieren von Kommunikation nicht von ihrer inhaltlichen Bedeutung abhängt, sondern von der berechenbaren Wahrscheinlichkeit, mit der sich eine codierte Signalreihe (etwa eine Reihe von Buchstaben) von Zufallsinformation (Rauschen) unterscheiden lässt.**

Eine gemeinsam mit dem Computerfachmann Warren Weaver publizierte Buchfassung des Artikels, *The Mathematical Theory of Communication* (1949), popularisierte dieses Kommunikationsmodell, für das Kommunikation als die Selektion einer Nachricht aus einer Menge von Möglichkeiten galt (Shannon/Weaver-Modell). Die für das technische System daraus abgeleitete Forderung war die, ein Übertragungssystem so zu entwerfen, dass es für jede mögliche Nachricht funktioniert. Die Welt der Ingenieure definiert Kommunikation als technische Transmission und Selektion (Sender → Empfänger); in sozialen Verhältnissen hingegen gilt dieses einseitige Übertragungsmodell (Kommunikator → Rezipient) nicht unmittelbar – „Keine Nachricht ist je für Sender und Empfänger dieselbe Nachricht" (Baecker 2005: 64).

## Technische und soziale Kommunikation

Die Reduktion von Kommunikation auf technisch-mathematische Aspekte erntete fundamentale Kritik, begründete jedoch die Kommunikationswissenschaft im disziplinären Gegensatz zur tradierten Bedeutungsordnung der Schriftkultur. Hier ging es technisch kalt um *Message*, *Code* und *Noise*, nicht um Sinn und Bedeutung oder um das Verstehen einer Botschaft. Das Shannon/Weaver-Modell der Kommunikation blendet wohl Semantik und den Kontext aus, in dem die Übermittlung stattfindet, es passt aber perfekt zu einer Zeit, die gerade damit begann, die Nachrichtentechnik auf elektronischer Grundlage zu entwickeln und die ersten „Elektronengehirne" zu bauen. Menschliche Kommunikation nach diesem Schema zu betrachten stieß folglich auf Kritik und Ablehnung.

Auf einer strikten Unterscheidung zwischen technischer und sozialer Kommunikation beharrte Marshall McLuhan in seiner Kritik des Shannon/Weaver-Modells, an dem er Züge des technokratischen Denkens erkannte. Dabei störte ihn vor allem die Isolierung des linearen Aspektes eines „Kanals", der doch stets in eine Kommunikationsumwelt eingebettet sei. Da der Kanal nie in seiner technischen Reinheit existiert, müsste das Modell eines Kommunikationssystems immer auch Randbedingungen und Nebeneffekte bis hin zu den subkulturellen Aspekten berücksichtigen; McLuhan sprach von einer Art technisch-sozialem Milieu von Übertragungsprozessen („an entire environment of interfacings" – McLuhan/Powers 1989: 76).

Jüngst hat Dirk Baecker diese Problematik abermals aufgegriffen und darauf hingewiesen, dass Kommunikation immer selektiv ist und das Shannon/Weaver-Modell durchaus dazu taugt, diese Grundtatsache verständlich zu machen. Jede Nachricht ist eine Auswahl an Möglichkeiten, ihr „Sinn" wird sozusagen aus einer Menge an „Unsinn" herausgefiltert. Kommunikation kommt nur zustande, wenn überhaupt eine Selektionsmöglichkeit vorhanden ist – das bedeutet Wahlfreiheit, während die Reduktion von Möglichkeiten Kommunikation tendenziell blockiert. „Technische Kommunikation unterscheidet sich von sozialer dann darin, dass im Fall der technischen Kommunikation die Menge der Möglichkeiten definiert ist, im Fall der sozialen Kommunikation hingegen nicht." (Baecker 2005: 66)

# Die Lasswell-Formel

Um die Mitte des 20. Jahrhunderts verbreiteten sich neben Zeitungen und Zeitschriften technische Medien wie Radio und Fernsehen, und das Selbstverständnis der Medienmacher sah so aus, dass damit ein breitgestreutes und im Wesentlichen passiv konsumierendes Publikum adressiert wird – ganz ähnlich dem technischen Modell, bei dem der Sender über einen Kanal den Empfänger adressiert. Im Fall der Propaganda war dies ja durchaus zutreffend. Das Modell entsprach auch einem Wissenschaftsideal der 1950er-Jahre.

Nach 1945 benannten die Forscher ihre Institute neu – aus Propaganda wurde „Kommunikation", und aus der altgedienten publizistischen Öffentlichkeit wurde „Massenkommunikation". An der Frage, ob die Medienwirkung beim Publikum stark oder schwach sei, schieden sich die Geister (Katz/Lazarsfeld 1955). Allgemein herrschte jedoch eine deterministische Sichtweise, ganz im Sinne einer behavioristischen Wissenschaftsauffassung von *Stimulus* und *Response*. Kulturelle Aneignungsprozesse und die soziale Konstruktion von Sinn fanden in diesen Theoriegebäuden keinen Platz (den besetzten ab den 1960er-Jahren dann die *Cultural Studies*). Dem forschungspolitischen Streben der Human- und Sozialwissenschaften nach naturwissenschaftlicher Legitimität kam das Shannon/Weaver-Modell sehr gelegen, sodass es allgemein Akzeptanz fand. Im publizistikwissenschaftlichen Vakuum der Nachkriegszeit wurden die amerikanischen Forschungsansätze relativ kritiklos importiert; auch hier verbreitete sich das technokratische Ideal, nach dem Medien als Massenmedien durchaus technisch und einseitig ausgerichtet zu betrachten sind (Maletzke 1963).

> **Merksatz**
>
> **Erst vor dem forschungspolitischen Hintergrund der Nachkriegszeit wird die vom technischen Kommunikationsprozess übernommene, idealtypische Gegenüberstellung von Sendern und Empfängern (Kommunikator und Rezipient) verständlich. Kommunikation erscheint nicht als Austausch (Individualkommunikation), sondern als zielgerichteter Prozess (Massenkommunikation).**

Auf dieser Grundlage wurden für die Kommunikationswissenschaft nun einzelne Forschungsbereiche etabliert, wobei grundsätzlich ein immer wieder kritisiertes und modifiziertes Modell der Massenmedien zum Einsatz kam: das als Lasswell-Formel bekannte Übertragungsmodell. Dem amerikanischen Soziologen Harold D. Lasswell ging es vor allem um die Erkundung der politischen Dimension von Kommunikation, worunter zunächst Werbung und Propaganda verstanden wurden. In seinem Artikel *Struktur und Funktion der gesellschaftlichen Kommunikation* (in: Bryson Hrsg. 1948) fand er eine allgemeine Fragestellung, nach der die Prozesse der Massenkommunikation zu beforschen wären: „Who says what in which channel to whom with what effect?" Diese einfache Formel aus fünf Elementen zeigt die Möglichkeit, das kommunikationswissenschaftliche Forschungsfeld wie folgt zu differenzieren:

- Wer? → Kommunikatorforschung (*Communicator → Control Analysis*)
- sagt was? → Inhaltsanalyse (*Message → Content Analysis*)
- in welchem Kanal? → Medienkunde (*Channel → Media Analysis*)
- zu wem? → Rezipientenforschung (*Receiver → Audience Analysis*)
- mit welchem Effekt? → Wirkungsforschung (*Effect → Effect Analysis*)

Lasswell selbst hat dieses von ihm eher ironisch vorgetragene Schema in seinem Text aber nicht verteidigt, sondern votierte im Gegenteil dafür, den Kommunikationsakt ganzheitlich zu betrachten. Nicht die Übertragung einer Botschaft vom Kommunikator zum Rezipienten interessierte ihn, sondern Struktur und Funktion des Kommunikationsprozesses in Analogie zu biologischen Prozessen der Erhaltung von Gleichgewicht und der Organisation von Aufmerksamkeit in Gemeinschaften.

## Der Two-Step Flow

Bei dem Versuch, komplexe Prozesse zu verstehen, kommt vereinfachenden Modellen eine heuristische Bedeutung zu. Der tatsächliche Erkenntniswert von Modellen ist allerdings zu hinterfragen, denn es handelt sich vor allem dann, wenn eine geometrische Darstellung vorliegt, nicht nur um eine Abstraktion von der Praxis, sondern auch um eine Transposition auf der medialen Ebene (zweidimensionale Visualisierung). Diverse Modelle der Massenkommunikation waren vor allem in den 1960er-Jahren populär und wurden seitdem in der Fachgeschichte relativ unkritisch tradiert (McQuail/Windahl 1993). Das Problem dieser Modelle ist, dass sie komplexe Prozesse allzu vereinfacht darstellen und von einer wirklichen Analyse oder einer Theorie von Kommunikation weit entfernt sind. Sie erklären nicht das Formalobjekt „Kommunikation", suggerieren jedoch einen auf angewandte Forschung gerichteten diesbezüglichen wissenschaftlichen Konsens.

Das von Lasswell vorgestellte Schema verstand sich keineswegs als „Modell" der Massenkommunikation. Ein funktionierendes Modell bedürfte einer akzeptierten Theorie, die es in diesem Fall aber nicht gibt. An Schematisierungen mangelte es dennoch nicht, wie das nächste Beispiel zeigt. Es gilt der indirekten Informationsverbreitung durch den zweistufigen Fluss der öffentlichen Kommunikation, die sich nämlich nicht direkt ans Publikum, sondern in vielen Fällen zuerst an die Meinungsführer richtet.

Mit der Studie *The People's Choice* (1944) und *Personal Influence* (1955) entwickelten Paul F. Lazarsfeld und seine Mitarbeiter die Hypothese des *Two-Step Flow*, des zweistufigen Kommunikationsflusses: Es ging ursprünglich um die Frage, ob und wie die Medienberichterstattung die politische Entscheidung von Wählern beeinflusst. Aus Beobachtung und Befragung wurde die Theorie der Meinungsführer (*Opinion Leaders*) abgeleitet: Bei Fragen von öffentlichem Interesse gebe es immer Personen, die das speziell beschäftige und an deren Meinung sich die anderen orientieren. Solche Meinungsführer geben die Medieninhalte weiter, nach ihnen richten sich die anderen. Rundfunk und Presse (die Medien der 1940er-Jahre) würden ihr Publikum meist nur über diese Zwischenstufe der Meinungsführer erreichen. Massenkommunikation funktioniere daher als ein *Two-Step Flow*, ihre Medien hätten demnach keine direkte, sondern eine insgesamt eher geringe Wirkung. Lazarsfeld wurde in Deutschland stark rezipiert, er avancierte zu einem Klassiker der nach dem Zweiten Weltkrieg recht orientierungs- und theorielosen Publizistik- und Kommunikationswissenschaft.

## Zeit der Modelle

Die Rezeption der angloamerikanischen Sozialforschung führte zu einer kommunikationswissenschaftlichen Neuorientierung im deutschen Sprachraum:

– Zum einen kehrten kritische Wissenschaftler aus der Emigration zurück wie einige Mitglieder der Frankfurter Schule, die erhebliche Wirkung auf die Studentenbewegung ausübten (Max Horkheimer, Theodor W. Adorno).

– Zum anderen gingen deutsche Wissenschaftler zur Weiterbildung in die Vereinigten Staaten (wie Niklas Luhmann).

– Schließlich wurden amerikanische Theorieansätze intensiv rezipiert, um der neuen Disziplin eine seriöse Grundlage zu geben, etwa als „Psychologie der Massenkommunikation" (Gerhard Maletzke).

Maletzke übersetzte die Lasswell-Formel in ein Modell, das als „Feld-schema" in die Fachgeschichte eingehen sollte. Hier wurde eine Bestimmung der Grundfaktoren von Massenkommunikation vorgenommen, was zur etablierten Terminologie geführt hat: „Kommunikator" statt Produzent, „Aussage" statt Inhalt, „Medium" statt Apparatur, „Rezipient" statt Konsument, „disperses Publikum" statt Masse (Maletzke 1963). Der Kommunikationsprozess selbst wurde nicht linear gefasst, sondern in einem sozialen Beziehungssystem („Feld") verortet und grafisch zum Ausdruck gebracht. Nicht die Grafik ist die Leistung dieses Modells, sondern seine Absicht, die Wechselwirkungen nach dem Vorbild der Kybernetik gegenüber einfacher Kausalwirkungen (Sender → Empfänger) ins Spiel zu bringen. Das Dilemma dieses wie anderer Modelle der Kommunikation ist ihre zweidimensional-geometrische Darstellung; es scheint, als ob alle Elemente in Wechselwirkung treten, der Prozess insgesamt bleibt aber linear.

Im akademischen Diskurs der Medien- und Kommunikationswissenschaft der 1960/70er-Jahre wurden Alternativen zum Mainstream völlig ausgeblendet. Vor allem historisch ansetzende Zugänge zur Medienkultur hätten sich hier angeboten: Zu nennen sind Transport- und Übertragungsvorgänge, wie sie im Werk von Harold A. Innis (1997) thematisiert wurden, aber auch die essayistische Analyse des Kommunikationsraumes, wie sie der französische Philosoph Michel Serres vorgelegt hat. Legendär ist dessen Gegenentwurf zu linearen Übertragungsmodellen, den er bereits 1964 zur Diskussion stellte: Anhand der Metapher von Penelope, der mythischen Gattin des Odysseus, die während seiner Abwesenheit ein nie fertig werdendes Gewand webt, zeigt Serres, wie Kommunikation mehr dem Bild eines Gewebes als dem eines Kanals entspricht.

Dieses Modell vom Kommunikationsnetz war nun keineswegs spekulativ angelegt, sondern stützte sich auf topologische Axiome aus der Mathematik (Verknüpfung von Punkten im Raum). Gegen die Linearität der traditionellen Konzepte bringt diese Theorie die Metapher des Netzes ins Spiel, in dem jeder Punkt Sender und Empfänger gleichermaßen ist und in dem die Rückkopplung zwischen Sender und Empfänger (*Feedback*) vorausgesetzt und nicht erst als Spezialfall nachträglich berücksichtigt wird (Serres 1991: 22 f.). Die technische Realität der vernetzten Medien erlaubt es schon längst nicht mehr, solche Positionen als postmodern zu etikettieren, um sie bequem ignorieren zu können.

# 6

# Systemische Kommunikationstheorie

*Im Anschluss an die Kybernetik wurde Kommunikation ab etwa 1950 zu einem wissenschaftlichen Grundlagenbegriff, der nicht für Verständigung steht, sondern für bestimmte Systemprozesse. Die systemische Betrachtung von Kommunikation bedeutet, statt Kausalketten die Beziehungsaspekte und -muster zu sehen, nach denen sich Systeme organisieren. Mit diesem neuen Denken, in Assoziation zur Ökologie, rückte (Human-)Kommunikation ins Zentrum von Disziplinen wie Psychiatrie, Anthropologie und schließlich auch Soziologie.*

## Kommunikation als Grundlagenbegriff

Die mathematische Kommunikationstheorie (nach Shannon, siehe S. 49) wurde zunächst missverständlich generalisiert (durch Weaver) und konnte so psychologische, soziologische und philosophische Wirkung entfalten: „Seither ist der Begriff der Kommunikation ein Suchbegriff zur Beschreibung der niemals ganz zu bestimmenden Teilnahme des Individuums am sozialen Austausch." (Baecker 2005: 118 f.)

Nun etablierte sich Kommunikation als Bezeichnung für symbolische Prozesse, die ihre wenig bekannte Vorgeschichte in der Zeichentheorie oder Semiotik hat. Die Rückbindung von Denken an „Zeichen" – allgemeiner Natur, womit also mehr gemeint ist als die konkrete Symbolisierung von Sprache und Text – geht zurück auf den amerikanischen Philosophen Charles S. Peirce. Bei ihm wurde bereits deutlich, dass es Funktionsbeziehungen jenseits von Sein (erkennbare Dinge, Ontologie) und Bewusstsein (rationale Erklärungen, Sinnverstehen) gibt, aber auch, dass die Bedeutungswelt der symbolischen Formen weit über die des sprachlichen Ausdrucks hinausreicht. Mit Ausnahme der Semiotik (Umberto Eco 1977; Mersch Hrsg. 2001) wurde dies in der Kommunikationswissenschaft kaum rezipiert; es wurde auch verabsäumt, die in dieser Hinsicht innovative Kulturphilosophie Ernst Cassirers zur Kenntnis zu nehmen. Hier wurde die Ausdrucksgebundenheit von Denken und damit dessen Abhängigkeit von den kulturellen Formen und von einem sinn-lich-physikalischen Symbolbegriff aus gesehen (Cassirer 1953: 17). Damit brach Cassirer mit dem Idealismus der philosophischen Tradition; der „Gebrauch des Zeichens" (ebd.: 45) erschließt von daher Grundzüge der Existenz und ihrer Gestaltung. Kurz gesagt zeigte seine Philosophie des Symbolischen, dass Menschen nicht in „der Wirklichkeit" leben, sondern „in einem symbolischen Universum" (Cassirer 1996: 50). Nur mittels Symbolen kann sich der Mensch eine Erkenntnis der Welt zurechtlegen. Cassirers letzte Schrift erschien 1944, den Begriff Kommunikation ver-wendete er noch nicht; sein Perspektivwechsel in Richtung eines Funkti-onsbegriffs des Symbolischen für das menschliche Denken und Erleben hingegen lebt in aktuelleren Ansätzen noch fort, etwa in der Systemtheo-rie Luhmanns (siehe S. 84).

Merksatz

**Die funktionalistische Sichtweise wurde im 20. Jahrhundert zuneh-mend von der Soziologie und der Psychologie adaptiert. Sie bedeutet die Abkehr von der humanistischen Auffassung und der Vorstellung von Kommunikation als subjektiver Handlung. Interaktionen und Kommunikationen werden nicht als Handlungsakte von Personen be-trachtet, sondern in ihrer Funktion für soziale Systeme und deren Um-welt. Hier zählen Beziehungsmuster, nicht individuelle Absichten.**

Kommunikation wurde schon in der Kybernetik nicht als Austausch zwi-schen zwei Subjekten betrachtet, sondern als Prozess, der „in Systemen" stattfindet, gleich ob diese nun organisch oder technisch sind (Wiener 1965). Der Psychiater Jürgen Ruesch und der Anthropologe Gregory Bateson publizierten 1951 ihre bahnbrechende Studie *Communication. The Social Matrix of Psychiatry*. Die Erfahrungen aus jeweils der thera-peutischen Praxis und der anthropologischen Feldforschung führten zu einer Sichtweise, die sich nicht mit Individuen beschäftigt, sondern mit sozialen Systemen, deren Teil sie sind. Die soziale Matrix, wie die Autoren dies nannten, bestimmt die möglichen Kommunikationen, die stattfin-den können. Den Einzelnen und seine Probleme wird man nicht ohne diese Bezüge zu einem übergeordneten Ganzen verstehen können. Wie den Ereignissen Bedeutung zukommt, bestimmen Prozesse in einem ge-gebenen Interpretationsrahmen.

Das heißt, dass Bedeutungen nicht unbedingt feststehen, sondern in einem wechselseitigen Verfahren erst hergestellt werden müssen; hier interessieren vor allem Regeln und Muster, denen interpersonelle und kulturelle Kommunikationen entsprechen. Wissen und Information erscheinen in dieser Perspektive untrennbar an Kommunikation gebunden, und somit an ständige Unterscheidungen, Interpretationen und Beobachtungen. In der Folge sollte dies „Kybernetik zweiter Ordnung" genannt werden, da die Rolle des Beobachters mit thematisiert wird. Das bedeutet: Was etwa der Psychiater über den Patienten oder der Anthropologe über den Eingeborenen sagt, ist stets zugleich eine Aussage über die Kommunikation zwischen ihm und seinem Patienten bzw. dem Eingeborenen – und damit eine Kommunikation, die ihrerseits von einem Kontext bestimmt ist, in dem es eben Psychiater und Patienten oder Forscher und Beforschte gibt.

## Kommunikationsökologie

Diese von Ruesch und Bateson begründete Kommunikationstheorie wird „systemisch" genannt, weil sie das traditionelle Ursache-Wirkung-Modell zugunsten eines Differenz-Modells verabschiedet. Sie beansprucht ein neues epistemisches Paradigma, das Kommunikation anstelle von Kausalität setzt: „In den Naturwissenschaften sind Wirkungen im Allgemeinen durch ziemlich konkrete Bedingungen oder Ereignisse verursacht – Einflüsse, Kräfte und so fort. Wenn man aber in die Welt der Kommunikation, Organisation usw. eintritt, lässt man jene ganze Welt hinter sich, in der Wirkungen durch Kräfte, Einflüsse und Energieaustausch hervorgebracht werden. Man betritt eine Welt, in der ,Wirkungen' – und ich bin nicht sicher, ob man weiterhin dasselbe Wort verwenden sollte – durch Unterschiede hervorgerufen werden." (Bateson 1985: 581)

Das systemische Differenz-Modell der Kommunikation wird anhand einer zentralen Operation der Unterscheidung (Selektion) entfaltet. Als Anthropologe war Bateson mit den unterschiedlichsten sozialen Differenzierungen vertraut, von der Geschlechterdifferenz bis zu den Nationalcharakteren. Aus der vernetzten Betrachtung von sozialen und kognitiven Phänomenen folgte ein theoretisches Konzept der Ordnung, die er *Ökologie des Geistes* genannt hat. Der „Geist" (englisch „Mind") wird nicht im Sinne eines singulär verkörperten Bewusstseins verstanden, sondern als ein kybernetisches System der Informationsverarbeitung, das sich auch in den „Bahnen und Mitteilungen außerhalb des Körpers" manifestiert (Bateson 1985: 593). Von dieser ausgelagerten, schier unendlichen Kapazität selektieren wir beständig eine kleine Menge an Informationen, die jeweils durch Unterscheidungsoperationen bestimmt werden. Somit wäre Information im elementaren Sinn, wie die berühmte Formulierung lautet, nichts anderes als ein *„Unterschied, der einen Unterschied ausmacht"* (ebd.: 582).

Dass Kommunikationstheorie sich selbst nicht auf den Austausch von Botschaften zwischen Menschen einschränken darf, sondern die Interface-Problematik (Mensch-Maschine-Kommunikation) und die der Austauschprotokolle (Kommunikation von Maschine zu Maschine) berücksichtigen muss, wurde im Diskurs der Kybernetik erstmals thematisiert. Jedes Kommunikationssystem besteht aus einem weiten „Netzwerk von Mitteilungswegen" – aus organischen und anorganischen Elementen, die Konnektivität schaffen –, und dessen Analyse kann nicht auf Teile oder Subsysteme wie beispielsweise einzelne technische Medien beschränkt werden, wie Bateson in einem Vortrag 1959 argumentierte: „Es ist für die Kommunikationstheorie nicht sinnvoll, zu fragen, ob der Stock des Blinden oder das Mikroskop des Wissenschaftlers ‚Teile' des Menschen sind, der sie benutzt. Sowohl der Stock als auch das Mikroskop sind wichtige Kommunikationswege und als solche Teile des Netzwerks, für das wir uns interessieren; es kann aber keine Grenzlinie – z. B. in der Mitte des Stocks – für eine Beschreibung der Topologie dieses Netzes relevant sein." (Bateson 1985: 330)

So bilden in dieser Sichtweise der Blinde und sein Stock ein gemeinsames System, dessen Funktionieren von ihrer Einheit abhängt. Die Untrennbarkeit der beiden Systemelemente „Mensch" und „Stock" ist keineswegs so trivial, wie es zunächst scheinen mag. Denn sobald statt Stöcken komplexere Apparate als Systemelemente vorkommen und damit die Systemgrenzen nicht mehr klar erkennbar sind, bereitet der Versuch, das Menschliche vom Technischen abzugrenzen, grundsätzliche Schwierigkeiten.

Aus seiner praktischen Arbeit leitete Bateson schließlich die Beobachtung ab, dass es auch eine „Kybernetik des Selbst" gibt. Demnach unterliegt die Psyche einem Regelmechanismus, der von der Umwelt und von den ständigen Interaktionen abhängt. Diese Beobachtung führte ihn zur Forderung der „Vernachlässigung der Grenze des physischen Individuums" bei der Analyse von Kommunikationsproblemen. Sie zeigt vor allem eines: dass die Grenzen, innerhalb derer Subjekte definiert werden, ein kulturelles Konstrukt und damit immer abhängig von einem größeren Ganzen sind.

## Therapeutische Kommunikation

Batesons Forschung zur Kybernetik des Selbst, die er an Beispielen wie Alkoholismus oder Schizophrenie konkretisierte, hatte großen Einfluss auf psychiatrische Ansätze der 1960er-Jahre. Psychische Probleme wurden als Kommunikationsstörungen behandelt, die in unterschiedlichsten Formen der menschlichen Interaktion auftreten können. So kann es etwa zur unbemerkten Veränderung von Bedeutungen kommen, wenn Mitteilungen bestimmte Reaktionen fordern, während der entsprechende Kontext anderes Verhalten nahelegt, oder wenn Verbalaussage und Körpersprache im Widerspruch sind. Das Dilemma, sich hier falsch oder richtig zu verhalten, erzeugt Kommunikationsparadoxien, was zu ernsten psychischen Störungen führen kann, wie die Theorie des *Double Bind* erklärt (Bateson 1985: 353 ff.).

Die Anwendung kybernetischer Prinzipen auf zwischenmenschliche Beziehungen wurde vor allem in den Publikationen von Paul Watzlawick erfolgreich popularisiert. Der psychotherapeutischen Praxis entstammen zahlreiche Theoreme, die auf Kommunikationsstörungen bezogen sind.

- Am wichtigsten scheint dabei das Problem einer Missachtung der metakommunikativen Ebene zu sein. Man kann aber nicht „nicht kommunizieren", jedes Verhalten (auch die Kommunikationsverweigerung) ist eine Form von Kommunikation.
- Daraus folgt, dass stets etwas über die Wortbedeutungen Hinausgehendes kommuniziert wird. Neben dem Inhalt gibt es einen Beziehungsaspekt der Kommunikation, man kann also nie „ganz objektiv" oder „rein sachlich" kommunizieren.
- Menschliche Kommunikation besteht aus Rückkopplungsschleifen, nicht aus Kausalketten. Deshalb kann ein Streit auch nicht beigelegt werden, indem man danach fragt, wer ihn angefangen hat. Die beliebte Frage des Anfangs wird den Konflikt nicht auflösen. Hier kommt der nächste Punkt ins Spiel:
- Gestörte Kommunikation (die psychische Probleme verursachen kann) wird nicht durch inhaltliche Diskussionen zu behandeln sein, sondern nur durch Einsichten auf Ebene der Meta-Kommunikation (dazu ausführlicher Watzlawick et al. 1969).

## Merksatz

**Die systemische Auffassung von Kommunikation erkennt deren grundlegende Rolle bei der Konstitution von Wahrnehmungen. Die beständige Selektion aus Möglichkeiten schafft stets nur einen Ausgangspunkt für weitere Auswahlprozesse, womit die Aussicht auf eine je zu erreichende Objektivität aufzugeben wäre. Wie der therapeutische Ansatz zeigt, sind Organisation und Struktur der Erfahrungswelt abhängig von Kommunikationen.**

Das bedeutet nicht die Verabschiedung der Wirklichkeit als bloßes „Konstrukt", sondern zeigt, dass wir in den Kommunikationen stets unsere Wirklichkeit erfinden, für die wir dann aber auch verantwortlich sind. Das ist die ethische Dimension des konstruktivistischen Ansatzes.

## Konstruktivismus

Bereits im frühen 18. Jahrhundert fand der italienische Philosoph Giambattista Vico zu einer neuen Auffassung bezüglich der Frage nach den Bedingungen von Wahrheit und Erkenntnis. Nur Gott könne die von ihm selbst geschaffene Natur erkennen, nicht aber die Menschen; ihnen bleibt die selbstgeschaffene Wirklichkeit der historischen und kulturellen Welt. Nach diesem Prinzip gilt: *Verum et factum convertuntur*, das Wahre fällt mit dem Gemachten zusammen. Damit legte Vico den Grundstein für die moderne Kulturwissenschaft, welche die kulturellen und technischen Artefakte zum Gegenstand hat (Kittler 2000: 22).

Können Menschen nur das erkennen, was sie selbst durch ihr Handeln geformt haben, dann sind sie nicht die Entdecker einer objektiven Welt, sondern deren Erfinder: Alles Erkennen und Wissen geht auf eine aktive Konstruktion zurück, der kognitive Apparat selbst schafft sich jene Strukturen, innerhalb derer er operieren kann (Zeit, Raum, Naturgesetze, Kausalitätsvorstellungen usw.). Mit anderen Worten: Jede Wahrnehmung hängt von der Erwartung und von ihrer vorgängigen Interpretation ab, und Wirklichkeit ist mehr subjektive Erfindung als objektive „Entdeckung" – das wurde *radikaler Konstruktivismus* genannt, „weil er mit der Konvention bricht und eine Erkenntnistheorie entwickelt, in der die Erkenntnis nicht mehr eine ‚objektive', ontologische Wirklichkeit betrifft, sondern ausschließlich die Ordnung und Organisation von Erfahrungen in der Welt unseres Erlebens" (Ernst von Glasersfeld – in: Watzlawick Hrsg. 1981: 23)

Der Dualismus der von René Descartes herstammenden erkenntnistheoretischen Tradition ist damit in Frage gestellt: Was wir als Wirklichkeit wahrnehmen, ist eine Interpretation des Gehirns aus den Signalen unserer Sinne. Subjekt und Objekt von Erkenntnis fallen tendenziell zusammen. Die Welt „an sich" ist uns gar nicht zugänglich – ein philosophischer Grundgedanke, der sich schon in Immanuel Kants theoretischer Philosophie findet –, sondern nur die subjektive Konstruktion davon, die auf Erfahrungen beruht, wie wir sie in den Kommunikationen mit unserer Umwelt machen.

Die Konstruktion von Wirklichkeit darf man sich allerdings nicht subjektiv beliebig vorstellen, sie besagt nur, dass jede Wahrheit beobachterabhängig ist. Damit Tatsachen oder Dinge in der Welt für uns eine Bedeutung haben, müssen wir bereits über ein Wissen über sie verfügen. Dieses Wissen umfasst symbolische Welten, die wir mit dem sprachlichen und kulturellen Lernen übernehmen und in Kommunikationen organisieren. Demnach gibt es kein statisches Sein, sondern immer nur ein dynamisches Werden in einem Netz von Relationen. Durch Kommunikation und Kooperation werden (sprachliche und andere) Strukturen erzeugt, in denen sich das Leben abspielt.

Medien helfen uns dabei, auf dieses implizit vorhandene Wissen zuzugreifen und unsere Wirklichkeit durch Beobachtung und Reflexion anschlussfähig für die Alltagskommunikation zu machen. Für die Kommunikationstheorie bedeutet die „erfundene Wirklichkeit", dass Wirklichkeit ein Ergebnis ständiger Selektion und ständigen Austausches ist. Alles Verhalten ist Kommunikation (Bateson), und hier haben wir es stets mit qualitativen Codierungen zu tun, mit einer künstlichen Zusammensetzung oder ständigen „Komputation" (vgl. Heinz von Foerster – in: Watzlawick 1981, 43 ff.).

# Massenmedien

*Massenmedien sind Medien der öffentlichen Kommunikation. Erst die moderne Technik der Übertragung und Sendung ermöglicht Massenkommunikation. Massenmedien dienen der allgemeinen Information und damit der öffentlichen Meinungsbildung, wodurch Kritik und Kontrolle stattfinden und das Funktionieren einer demokratischen Gesellschaft gesichert werden soll. Sie dienen aber auch der Unterhaltung, wobei es zunehmend zu problematischen Überschneidungen von Informations- und Unterhaltungsfunktionen kommt.*

## Massenkommunikation

Bereits um 1850 gab es populäre und massenhaft verbreitete Medien, wie Fotografie, Stereoskopie und Panoramen. In den folgenden Jahrzehnten entwickelte sich das Pressewesen in Richtung einer Massenpresse, wobei sich die Rolle der Zeitung durch die Industrialisierung der Produktion (siehe S. 26) ebenso änderte wie durch die Telegrafie, die sowohl eine Berichterstattung vor Ort ermöglichte als auch das Nachrichtenwesen insgesamt beschleunigte (Hartmann 2006: 56 f.).

Boulevardzeitungen wurden, wie der Name schon sagt, im urbanen Raum durch Kolporteure verkauft und erschienen in mehreren Ausgaben pro Tag. Der publizistische Markt wird kommerzialisiert, die Akteure handeln profitorientiert – erste Pressekonzerne entstehen, führende Presse- und Nachrichtenagenturen teilen sich den Weltmarkt auf: Associated Press (New York), Reuters (London), Agence Havas, heute Agence France-Presse (Paris), Wolffs Telegraphenbüro (Berlin), Österreichische Correspondenz, heute Austria Presse Agentur (Wien).

### Merksatz

**Durch die Massenpresse trifft ein zunehmend überregional getakteter Nachrichtenfluss auf ein breit gestreutes Lesepublikum. Dazu kommen bald neue technische Verbreitungsmedien wie Radio, Kino und**

Fernsehen. In der Folge ist von Massenmedien immer dann die Rede, wenn Massenkommunikation in dem Sinn stattfindet, dass ein großes anonymes Publikum öffentlich adressiert wird, wobei diese Kommunikation einseitig verläuft.

Die Zeit nach 1945 brachte in mancherlei Hinsicht eine technische und organisatorische Zäsur. Im deutschsprachigen Raum wurden nach dem Vorbild von *News Magazines* neue Zeitschriften gegründet, etwa das Hamburger Nachrichtenmagazin *Der Spiegel* (1946) sowie der *Stern* (1948). Auf diese Publikumszeitschriften mit großer Reichweite und hoher Auflage folgte eine Reihe neuer Illustrierter, vor allem Frauenzeitschriften wie *Brigitte* (1954). Kamen zur Zeitung zunächst Film (Wochenschau) und Hörfunk dazu, so setzte sich nun auch in europäischen Ländern das Fernsehen im Alltag durch: Großereignisse wie die in der Schweiz ausgetragene Fußball-Weltmeisterschaft von 1954 halfen der Massenverbreitung des neuen Mediums (Kerlen 2003: 249 f.).

Im Unterschied zu den Vereinigten Staaten, wo das Fernsehen privatwirtschaftlich organisiert war und immer noch ist, bestimmte in Deutschland und Österreich der öffentlich-rechtliche Programmauftrag das Medienangebot. Nach den Propaganda-Erfahrungen der NS-Zeit wurde, auch im Sinne der politischen „Re-education" im Geist der Demokratie, für Rundfunkanstalten ein Kulturauftrag verfassungsrechtlich verankert (Hans-Bredow-Institut 2004).

Merksatz

**Die Organisationsform des öffentlich-rechtlichen Rundfunks, wie sie in Deutschland und Österreich sowie anderen europäischen Ländern existiert, garantiert den Bürgern einen Rechtsanspruch auf mediale Grundversorgung, unabhängig von politischer und wirtschaftlicher Einflussnahme.**

Die öffentliche Kommunikation (Massenkommunikation) änderte sich also aus technischen wie politischen Gründen ganz entscheidend in der zweiten Hälfte des 20. Jahrhunderts und mit ihr die Forschung. In den Vereinigten Staaten stand die Kommunikationsforschung bis 1945 im Dienst des *Psychological Warfare*, war also den Zwecken der Kriegsführung untergeordnet und meist dem Pentagon (*Office of War Information*) als Auftraggeber verpflichtet. Zahlreiche Forschungsstellen waren entstanden, denen der Krieg „als eine Art natürliches Experimentierfeld für die moderne Soziologie der Massenkommunikation" (Mattelart 1999: 88) diente. Zahlreiche der später bekannten Forscherpersönlichkeiten konnten aufgrund dieser Basisarbeit die ersten kommunikationswissenschaftlichen Institute akademisch etablieren, etwa Wilbur Schramm zuerst in Illinois und dann an der kalifornischen Universität Stanford. Dies und seine Herausgeberschaft von *Mass Communications* (1949 und 1960) begründeten seinen Ruf als Vater der (amerikanischen) Kommunikationswissenschaft. In die deutsche Terminologie führte Gerhard Maletzke (1963) unter Bezugnahme auf den angloamerikanischen Forschungsstand den Begriff der „Massenkommunikation" ein. Die zentralen Fragen der Massenkommunikationsforschung kreisten hier um die Grundfaktoren und die Funktion der Massenmedien. Dabei ging es jedoch vor allem um formale Abstraktionen, während kulturelle, politische, technische und ökonomische Faktoren der Medienkultur vernachlässigt wurden.

Angesichts der neuen medialen Infrastruktur (Massenpresse, Radio, Fernsehen) stellte sich die Frage nach der Verbreitung von Inhalten völlig neu. Wie kommen Meinungen in der Gesellschaft zustande? Interesse an diesen Fragen hatten neue politische Organisationen wie die UNESCO, die 1946 gegründete Organisation der Vereinten Nationen. In Artikel 1 des Gründungsvertrags sind die Funktion der Massenkommunikation und der freie Informationsfluss („free flow of ideas by word and image") festgehalten; einschlägige Studien zu Medienpolitik und Medienentwicklung der *Mass Communication Techniques Division*, etwa zur Rolle der Medien in Entwicklungsländern oder zu den Effekten des Fernsehens, folgten (Schramm 1964).

## Von der Masse zur Kultur

Während Massenmedien als technischer Begriff die Medien der öffentlichen Kommunikation bezeichnet, sind Massenkommunikation (als indirekt-einseitige Kommunikation, gerichtet an ein Publikum) und Massenkultur heute eher problematische Begriffe mit einem wertekonservativen Kern („Vermassung" als Entfremdung und Auflösung der Gemeinschaft). Auch dem kritischen (und dem marxistischen) Diskurs galt die Massenkultur als suspekt, da sie ein mögliches emanzipatorisches Potenzial nicht erkennen lasse. Der amerikanische Journalist und Soziologe Daniel Bell, der in den 1970er-Jahren dann mit der Diagnose von der postindustriellen Gesellschaft (Übergang von der Industrie- zur Informationsgesellschaft) bekannt werden sollte, kritisierte beide Seiten. Die Theorie der Massengesellschaft, egal von welcher Seite sie vorgetragen werde, sei ideologisch vorbelastet und produziere vor allem Verächter der Massenkultur (Mattelart 2003: 72 ff.).

Im deutschsprachigen Raum vorerst unbemerkt, entstand relativ früh ein Paradigma, das die direkte Wirkungsmacht von Massenmedien anzweifelte und die Frage neu erarbeitete. Beginnend mit Raymond Williams (1958) wurde in den britischen *Cultural Studies* die Alltagskultur als ein Phänomen betrachtet, das weder in Massenkultur noch in Kulturindustrie aufgeht. Man begann damit, Medienprodukte wie Zeitungen und Filme nicht auf ihre Inhalte oder ihre massenhafte Verbreitung hin zu untersuchen, sondern hinsichtlich dessen, welche Bedeutung sie für das Alltagsverhalten und die Konstruktion einer sozialen Identität haben.

Ist das Publikum wirklich nur passiver Empfänger von Botschaften? Ist Medienkommunikation wirklich so einseitig und indirekt, wie sie nach mancher schematischen Darstellung jener Zeit gesehen wurde? Sollten Medien nicht als Teil der Kultur einem breiteren Analyserahmen entsprechen, als dies der Fall ist, wenn man sie einfach als einen Kanal betrachtet, der von einem Sender zu einem Empfänger führt? Zumindest befinden sich in einem Publikum doch Personen mit völlig unterschiedlichem Verständnis, bezogen auf soziale Schicht, ethnischen Hintergrund, Geschlecht und andere Faktoren. Es gibt also eine verinnerlichte Kultur, die zur Bedeutungsproduktion beiträgt; um dem Rechnung zu tragen, übertrug der britische Soziologe Stuart Hall das Sender-Empfänger-Modell der Nachrichtentechnik (siehe S. 49 f.) in ein kulturwissenschaftliches Konzept von *Encoding/Decoding*, mit dem der Kommunikationsfluss vom Sender zum Empfänger zugunsten eines Kreislaufs innerhalb von Kommunikationskulturen (zwischen Produktion, Distribution, Konsumtion) aufgelöst wurde (1973, in Hall 1994: 128–138).

Die Idee, dass Medienprodukte auch gegen den Strich gelesen werden können, tauchte als „Kampf um Bedeutungen" zwischen Hochkultur und Populär- bzw. Subkultur im Forschungskontext der *Cultural Studies* auf (Grossberg et al. Hrsg. 1991). In den 1960er-Jahren begann sich alternativ zur bürgerlichen Hochkultur ein anderer Kulturbegriff durchzusetzen. Dies hatte nicht nur mit der proletarischen Arbeiterkultur (bzw. ihrer marxistischen Interpretation) zu tun, sondern generell mit einer Neubewertung von elitärer Hochkultur einerseits, der ihre Werte „bedrohenden" Massenkultur und popkultureller Produkte andererseits. War die Hochkultur vornehmlich auf die Grundlage eines textlichen Kanons gebaut, so transportierte die Medienkultur ihre Inhalte anders (nämlich über Radio-Hits und Rock-Alben, über Kultfilme und TV-Serien, über Comics und eine neue literarische Popästhetik) und begann damit, als vielfach schillernde Gegenkultur einen eigenen mythologischen Raum zu besetzen (Eco 1984). Kultur und ihre Medien sind nicht nur eine integrative und homogenisierende, sondern auch eine subversive Kraft, was sich sowohl gegen den Kulturpessimismus anführen lässt wie gegen die Mainstream-Forschung, die in den Rezipienten nur willfährige Konsumenten sieht.

Merksatz

*Cultural Studies* untersuchen die Massenkultur im Hinblick auf Bedeutungsmuster und subkulturelle Umdeutungen, wobei die Vielfalt der Sinnproduktion berücksichtigt wird. Die aktive Rolle der Nutzer und Konsumenten sowie die Kreativität von Subkulturen werden hervorgehoben. Popularkultur, die immer spezifische Medienbezüge hat, erlangt damit einen Status, den sie in akademischen Disziplinen sonst nicht hat.

## Bürgerliche Öffentlichkeit?

In der Theoriebildung der Nachkriegszeit war das Thema, ob denn eine massenhafte Verbreitung schon mit demokratischer Nutzung gleichzusetzen sei, auch im deutschen Sprachraum nicht unbekannt. Typisch für diesen Diskurs ist die Theorie einer bürgerlichen Öffentlichkeit, die Jürgen Habermas als Form eines aus der Zeit des frühkapitalistischen Waren- und Nachrichtenverkehrs stammenden kommunikativen Raumes entwickelte. Seine Rekonstruktion stellte einen Strukturwandel vor, indem die „Zerfallsgestalt der bürgerlichen Öffentlichkeit" untersucht wurde. Diese bestehe darin, dass der Zusammenhang öffentlicher Kommunikation in Akte vereinzelter Rezeption zerfallen würde. Das Bild zeigt auf der einen Seite ein aufgeklärtes Publikum, wahrheitsorientiert und vernünftig („räsonierend"), auf der anderen Seite Konsumenten und eine instrumentell hergestellte öffentliche Meinung bzw. „manipulativ entfaltete Publizität" (Habermas 1962: 287). Public Relations, Werbung und Massenmedien erzeugen demnach ein Konsumklima, während die publizistischen Mittel des Bürgertums (Theater und Literatur), die eine wahrhaft öffentliche Meinung zu erzeugen imstande wären, tendenziell zur Bedeutungslosigkeit verkommen – so weit die These. Sie unterstellt, dass die emanzipative Kraft der bürgerlichen Aufklärung doch nicht ganz verloren wäre, wenn öffentliche Diskurse (Räsonnement statt Konsum) für ein Fortbestehen des Demokratiefundaments sorgten.

Kritiker hielten dem entgegen, dass es auch eine Gegenöffentlichkeit gebe, welche die eigentlichen Bedürfnisse der Menschen zum Ausdruck bringe. Sie setzten ihre Hoffnung auf eine proletarische Kulturrevolution, die sich im Umfeld der Studentenunruhen der 1968er-Generation abzuzeichnen schien und die immerhin so manche Alternativmedien wie freie Radios, Stadtmagazine, Verlage und Druckereien hervorgebracht hatte (Negt/Kluge 1972). Nicht so optimistisch sah das etwa der französische Situationist und Filmemacher Guy Debord, der eine *Gesellschaft des Spektakels* diagnostizierte: Hier sei das wirkliche Erleben in der kapitalistischen Industriegesellschaft abgeschafft und jede Kulturproduktion auf ihre bedingungslose Konsumtion hin angelegt. Dagegen beschwört seine Analyse, die zugleich als Manifest konzipiert war, die Möglichkeit einer revolutionär produzierten Alternative (Debord 1967).

Tatsächlich wurden gerade mit den medientechnischen Fortschritten der 1960/70er-Jahre einige Veränderungen im medienkulturellen Alltag spürbar, und damit in der Art, wie Öffentlichkeit hergestellt wird:

- Stereo-Radiosendungen und Fernseh-Liveübertragungen brachten eine neue Medienästhetik mit sich.
- Pop- und Rockkonzerte eröffneten neue kollektive Rezeptionsformen (Alternativkultur, Woodstock).
- Politische Demonstrationen, Sitzstreiks und die Debatten der Studentenbewegung machten soziale Konflikte öffentlich.
- Musik- und Videorecorder (Leerkassetten) erlaubten einen neuen Umgang mit Programminhalten, Kopiergeräte erleichterten die Verfügbarkeit von Texten.
- Transistortechnik sorgte für eine neue Gerätegeneration (Kofferradio) und für eine Ausweitung der Telekommunikation (Satellitenübertragung, Telefon-Ferngespräche).
- Integrierte elektronische Schaltkreise und Mikroprozessoren revolutionierten die Computerwelt und leiteten die Personalisierung des Computers ein.
- Bildschirm- und Interface-Technologien schließlich führten zu intuitiv bedienbaren grafischen Oberflächen.

Dies alles bedeutete für die Medienkultur, dass die Homogenität eines Kulturraums, der lange Zeit durch Schrift und durch Lektürekanons abgesichert war, sich aufzulösen begann. Doch dabei fallen nicht einfach die neuen Medien über die traditionelle Kultur her, eher bewirken die Innovationen neue Qualitäten in der Kultur. Der kanadische Literaturwissenschaftler Herbert Marshall McLuhan war einer der ersten Theoretiker seiner Zeit, der die neuen Medienphänomene jenseits der Exklusivität von Schriftkultur in diesem Sinne ernst nahm: „Durch Veränderung der Umwelt rufen Medien in uns einzigartige Beziehungsverhältnisse zwischen den Sinneswahrnehmungen hervor. Die Erweiterung irgendeines Sinnes verändert die Art und Weise, wie wir denken und handeln – die Art und Weise, wie wir die Welt wahrnehmen. Wenn diese Verhältnisse sich ändern, ändern sich die Menschen." (McLuhan/Fiore 1967: 41)

# 8

# Medien verstehen

*Medien unterscheiden sich immer weniger hinsichtlich ihres lokalen Einsatzgebietes und ihrer kulturellen Eigenheiten. Von der Weltverkabelung bis hin zur Raumfahrt wurden Medien zum Bestandteil großer technischer Systeme. Damit begann auch die Zeit neuer Theoriebildung, die makroperspektivisch ansetzte und sich vor philosophischen Grundsatzfragen nicht scheute. Von nun an wurden Medien nicht nur als Technik, sondern vor allem als kulturelle Organisationsform begriffen.*

## Medienglobalisierung

Ein wesentlicher Teil der neuen Medienästhetik ist die globale Medienkultur. Dass bestimmte Medienformate (Nachrichten- und Unterhaltungssendungen und Fernsehshows) weltweit verbreitet sind, ist dabei nur ein Aspekt, der möglicherweise überbewertet wird. Medienglobalisierung hingegen bedeutet, dass die Teilhabe am Medienangebot unabhängig vom lokalen Standort erfolgt. Man weiß überall, was ein Telefon ist, was ein Radio oder Fernseher und was ein Computer. Wo immer eine Telefonleitung zur Verfügung steht, ist der Zugang zum Internet nur ein kleiner technischer Schritt. Wo immer ein Computer steht, erschließt ein über alle Kulturen vertrautes Interface den Zugang zu Inhalten.

Begonnen hat all dies mit der technischen Standardisierung der Fernkommunikation. Ermöglicht wurde sie durch drei technisch entscheidende Schübe, welche die Entwicklung einer globalen medialen Infrastruktur auf Basis von Elektrizität bestimmten:

– Verkabelung: mittels Kupferdraht, Koaxialkabel und Glasfaser für Telegrafie und Telefonie;
– Funktechnik: Nutzung elektromagnetischer Wellen für Funk, Radio und Fernsehen;
– Netzwerke: elektronischer Datenraum, universell standardisierte Interfaces (Hartmann 2006).

Erst in den 1950er-Jahren wurde es möglich, zwischen Amerika und Europa direkt zu telefonieren, und in diese Zeit fällt auch ein anderes Ereignis, welches die Weltwahrnehmung entscheidend verändert hat. 1957 umrundete Sputnik, der erste Satellit, für mehrere Wochen den Globus und sandte dabei ein weltweit zu empfangendes Radiosignal aus. Die Reaktion des Westens auf diesen Erfolg der Sowjetunion wird als „Sputnik-Schock" bezeichnet. Meist wird an Sputnik jene Ingenieursleistung hervorgehoben, die den Wettlauf ins Weltall bis hin zur Mondlandung bewirkte. Ein wesentlicher, weniger direkter Effekt ist jedoch im Bereich von Medien und Kommunikation feststellbar. Dazu zählt zunächst das Phänomen eines global wahrnehmbaren akustischen Signals, dem ein Jahrzehnt später auch Bilder der Erde von außen folgen sollten. Das Bild des *Blue Planet* wurde zur globalen Ikone ökologischen Denkens. Die von Menschen bewohnte Welt stellte sich von außen gesehen neu dar, als ein gemeinsam bewohnter Globus, als eine fragile Biosphäre inmitten kosmischer Leere.

Eine entscheidende Folge des Sputnik-Schocks war die massive Erhöhung des US-amerikanischen Forschungs- und Bildungsbudgets, was eine Förderung des Zugangs zu Wissen bedeutete. Dies brachte um 1960 zwei Medieninnovationen mit sich:

– die Einführung des Bildungs- und Schulfernsehens;
– die Vernetzung von Bildungseinrichtungen und von Bibliotheken mit Hilfe von Computertechnologie.

In diesem zeithistorischen Kontext wurde die Frage neu gestellt, wie Medien in der Generierung und der Tradierung von Wissen funktionieren. Unter den Experten, die dazu befragt wurden, befand sich auch Marshall McLuhan, der in England Literatur studiert hatte. Bekannt wurde er mit dem Slogan, dass nicht der Inhalt, sondern das Medium selbst schon die Botschaft sei – „The medium is the message". Er äußerte diesen Gedanken erstmals 1958 – also noch ganz unter dem Eindruck des Sputnik, dessen Signale keine codierte Botschaft verbreiteten – auf einer Tagung vor der Jahresversammlung der *National Association of Educational Broadcasters* (NAEB). Seine berühmte Medientheorie von den „Magischen Kanälen" entwickelte McLuhan in der Folge als Auftragsarbeit dieser Organisation, der es darum ging, im Sinne der neuen Politik den Ansatz für eine neue Medienpädagogik zu entwickeln.

# Magie der Medien

McLuhans Medientheorie trägt im Original den Untertitel *Extensions of Man*, Ausweitungen des Menschen. Medien sind demnach mehr als bloß Kanäle für den Austausch von Inhalten. Sie fungieren als eine Art Grammatik für die Inhalte jeder kulturellen Praxis und sind damit historische, technische und organisatorische Ermöglichungsbedingungen. Weil sie dabei auch eine Eigendynamik entwickeln, spielen sie die Rolle aktiver Agenten der Erfahrungsübersetzung in neue Formen („active metaphors", McLuhan 1964: 57).

Nach dieser Auffassung tun Medien etwas, lange bevor wir etwas mit ihnen tun. Der europäischen Reflexionskultur verpflichtete Intellektuelle jener Zeit konnten wenig anfangen mit der Formel, dass Medien „make happen agents" und keine „make aware agents" sind (ebd.: 48). So wurde McLuhan damals von Hans M. Enzensberger als Überbringer einer reaktionären Heilslehre verkannt, obwohl er rückblickend keineswegs ein blinder Propagandist der neuen Medien, sondern ein sensibler Erforscher des kulturellen Übergangs vom Industrie- zum Informationszeitalter war. Er baute dabei auf Erkenntnisse des kanadischen Wirtschaftshistorikers Harold A. Innis, der eine Mediengeschichte der Zivilisation entworfen hatte und seine Gedanken in den Werken *Empire and Communications* (1950), *The Bias of Communication* (1951) sowie *The Strategy of Culture* (1952) verfolgte (deutsche Auszüge vgl. teilweise in Innis 1997). Eine zentrale Erkenntnis daraus skizzierte Innis mit folgenden Worten: „Wir können wohl davon ausgehen, dass der Gebrauch eines bestimmten Kommunikationsmediums über einen langen Zeitraum hinweg in gewisser Weise die Gestalt des zu übermittelnden Wissens prägt. Auch stellen wir fest, dass der überall vorhandene Einfluss dieses Mediums irgendwann eine Kultur schafft, in der Leben und Veränderungen zunehmend schwieriger werden, und dass schließlich ein neues Kommunikationsmittel auftreten muss, dessen Vorzüge eklatant genug sind, um die Entstehung einer neuen Kultur herbeizuführen." (Innis 1997: 96)

Auch für McLuhan war die These der Medienevolution zentral und damit, dass die Medienentwicklungen der westlichen Kultur nicht unbedingt einer Logik des Zerfalls folgen: Der Niedergang der bislang prägenden Buchkultur kann auch einen Aufgang neuer Sinnlichkeiten bedeuten, anstelle der Literalität tritt bereits eine neue Oralität (Radio, TV-Talkshows, Rockmusik etc.). War die Druckkultur „exklusiv" definiert, da ihr Zugang Alphabetisierung und Bildung voraussetzt, bestehe die Magie der neuen Medien in ihrem „inklusiven" Charakter, da sie Teilhabe auch ohne entsprechende Bildungsvoraussetzungen ermöglichen, über Bilder und Sounds statt über Texte.

**Merksatz**

McLuhans Slogan vom Medium als der Botschaft ist nur im Kontext der Medienevolution zu verstehen. An den Medien wird der Inhalt freilich nicht geleugnet, es geht vielmehr um ein Organisationsprinzip: Schon das technische Format determiniert den möglichen Inhalt; das Fernsehen beispielsweise ist derart auf Bilder angewiesen, dass Inhalte ohne entsprechende Bilder es schwer haben, sich in diesem Medium durchzusetzen.

McLuhan hat auch die grundlegende Intermedialität betont: Der Inhalt eines Mediums ist immer ein anderes Medium – Text beinhaltet Sprache, Film die Darstellungskunst des Theaters, Fernsehen wiederum Kinofilme, ein MP3-Player spielt Musik, die einst für analoge Tonträger konzipiert war, usw. Außerdem werde die Leistung des neuen Mediums paradoxerweise danach bemessen, was das Medium vor ihm geleistet hat. Das Internet beispielsweise wurde vielen erst dann begreifbar, als es ein Distributionsmedium für Bücher, Musik und Filme wurde. Dem Geheimnis von der Magie der Medien kommt man also nur dadurch auf die Spur, dass man nicht auf die Inhalte, sondern auf das Medium selbst achtet. Somit wurde die qualitative Dimension von Medien, ihre kulturellen, sozialen und psychischen Effekte, Thema der Medientheorie, während die Medienwissenschaft vor allem quantifizierend forscht und Einzelanalysen produziert.

## Nach der Schrift

Nicht ganz unproblematisch ist die Geschichtsphilosophie der Medienumbrüche, die sich in vielen medientheoretischen Ansätzen findet – ein Denkmodell, das mit Krisen, Brüchen oder Revolutionen operiert und eine Figuration des Vorher/Nachher produziert. So beschäftigte sich unter dem Eindruck von Rundfunk und Fernsehen eine ganze Theorie-Generation um 1960 mit der Vorstellung eines „Jenseits der Schrift", einer Idee also, die Kultur über alternative Codes zu organisieren. „Die audiovisuellen Techniken [erscheinen] als neue Stufe der menschlichen Evolution, als eine Stufe, die den Kern des Menschen trifft, das reflektierende Denken." (Leroi-Gourhan 1988: 266)

Die moderne Medienentwicklung änderte tatsächlich die kulturelle Wahrnehmung. Die neue Oralität der elektronischen Medien – das Radio war nicht zuletzt deshalb erfolgreich, weil es ein einfaches, d. h. schriftloses Medium ist – und die neue Bildlichkeit des Ikonischen bei Fernsehen und Internet bedingen eine gegenüber der Schrift leichter dekodierbare akustische wie visuelle Form, sie stellen damit Inhalte unabhängig vom Bildungsstand (Alphabetisierung, Belesenheit) zur Verfügung, und genau das ist auch ihre Magie.

Die Frage nach dem Jenseits der Schrift ist Begleitmusik der Medienentwicklung des letzten halben Jahrhunderts. 1953 gab McLuhan gemeinsam mit dem Anthropologen Edmund Carpenter die Zeitschrift *Explorations* heraus, die sich mit einer Reihe von namhaften Autoren der interdisziplinären Untersuchung von Sprache, kulturellen Verhaltensmustern und Medien widmete – bemerkenswert zu einer Zeit, die Kommunikation noch als wesentlich nachrichtentechnisches Problem betrachtete.

McLuhans erster Artikel darin widmete sich dem Phänomen der verschwindenden *Literacy* und trägt in der deutschen Übersetzung den Titel *Kultur ohne Schrift* (McLuhan 2002: 100 ff.). „Literacy" und „literary culture" freilich stecken ein breiteres kulturelles Bedeutungsfeld ab als der nur kulturtechnisch konnotierte deutsche Begriff der Schrift: die Fähigkeit zu lesen und zu schreiben, aber auch Bildung im Sinn von Belesenheit. Unter dem Eindruck der Dominanz neuer Audiovisualität stellte sich nun die Frage nach Medienkompetenzen jenseits der Schrift.

„Wir sind jetzt gezwungen, neue Techniken der Wahrnehmung und der Beurteilung zu entwickeln, neue Wege, um die Sprachen unserer Umwelt mit ihrer Vielfalt an Kulturen und Wissenszweigen lesbar zu machen. Und diese Notwendigkeiten sind nicht nur aus Verzweiflung verabreichte Arzneien, sondern Wege zu einer bisher kaum vorstellbaren Bereicherung." (McLuhan 2002: 105)

## Understanding McLuhan

McLuhans Bericht zur Natur der neuen elektronischen Medien – wie gesagt ein Auftragswerk der NAEB – kam in seiner Mischung aus theoretischer Spekulation und teils schwer zugänglichem Ideenfeuerwerk bei den Auftraggebern nicht gut an und wurde nicht wie geplant im Unterricht eingesetzt. Dafür entstand daraus eines der erfolgreichsten medientheoretischen Bücher überhaupt – *Understanding Media* (1964), angelegt als der zweite Teil einer Studie zur Schriftkultur mit dem nicht weniger berühmten Titel *The Gutenberg Galaxy. The Making of Typographic Man* (1962).

Nicht nur, dass in *Understanding Media* erstmals Medien in einem umfassenden Sinn zur Sprache kommen, zeichnet diesen Klassiker aus, sondern auch, wie das geschehen ist: Von einer Kritik der Alltagskultur bewegte sich McLuhan zu einer Kritik der Buchkultur als kulturell prägender Form, wobei er die Haltung des distanzierten Beobachters einnahm. Sein analytisches Interesse bezog sich auf die Organisation der menschlichen Sinne und deren Überformung durch Medien. Westliche Kulturtechnik zerlege ein sinnliches Ganzes in mechanisch reproduzierbare Teile, doch die neuen Medien bergen das Versprechen eines wieder organischen Charakters. Bedeutet Zerlegung eine sinnliche Spezialisierung und Konzentration, so wirke das Fernsehen als Medium wieder integrierend:

- Fernsehen ist mit seinen mosaikartigen Bildzeichen ikonisch und damit leicht zugänglich codiert.
- Fernsehen entspricht der Kulturpolitik des elektronischen Zeitalters, da es eine komprimierte Wahrnehmung erzeugt.

Abseits des Zwangs zur Verwissenschaftlichung seiner Aussage sprach McLuhan gern von der poetischen Verdichtung und Auflösung des Ausdrucks und nannte seine eigene Methode „perceptual, not conceptual" (wahrnehmend, nicht begrifflich). Als hochbezahlter Unternehmensberater, als weltweit meist diskutierter Intellektueller 1967 auf der Titelseite von *Newsweek*, von Tom Wolfe im *New York Herald Tribune* porträtiert, als Interviewpartner des *Playboy* – der privat eher spröde und sehr katholische College-Professor avancierte zur allseits bekannten Medienfigur. Als seine Thesen in dem „anti-typografisch" gestalteten Buch *The Medium is the Massage* (1967) noch einmal popkulturell verdichtet wurden, verkaufte sich dieser Theorie-Remix in sensationellen Auflagen. Dies alles spricht weder für noch gegen seine Medientheorie, sondern ist Beweis dafür, dass seine Thematisierung von Medien weit über akademische Schranken hinaus Interesse erweckt hat.

# Technische Bilder

Mit der Fotografie und der Kinoleinwand, später mit der Kathodenstrahl-röhre des Fernsehens und der Computermonitore etablierte sich unübersehbar eine neue Form der Bildkultur. Eine neue Oberflächlichkeit entstand, Bilder einer Mediensphäre, die eigentlich keine mehr sind: An die Stelle physischer Präsenz und reflektierten Lichts sind inzwischen elektronische Signale getreten, die ein Apparat an unserer Stelle synthetisiert. Ihre Bildlichkeit ist unser *Interface* zur Medienwirklichkeit, es handelt sich um die neue ästhetische Kategorie der technischen Bilder.

Der in Prag geborene, nach Brasilien emigrierte Philosoph Vilém Flusser versuchte eine phänomenologische Analyse der neuen Medienkultur, die er als *Universum der technischen Bilder* bezeichnete (Flusser 1985). Auch hier sind Überlegungen zum Ende der Schriftkultur zentral, Flussers Diagnose setzt makroperspektivisch an: Die Medienevolution brachte nach dem Bild die Schrift, die nun durch anders strukturierte Codes ersetzt wird.

Flusser kannte das Internet noch nicht; seine von der Phänomenologie, aber auch von der Kybernetik inspirierte Methode ist stark der schriftstellerischen Qualität verpflichtet, der Stil sehr verdichtet. Er selbst nannte sein Vorhaben *Kommunikologie*, das systematische Studium der Probleme von Kommunikation. Sein Ansatz kreist um drei Punkte:

- Menschliche Kommunikation ist widernatürlich, ein Kunstgriff gegen natürlichen Zerfall und Tod („neg-entropisch"); dieser Kunstgriff ermöglicht die Übertragung von erworbener Information und damit Kultur als ein „künstliches Gewebe des Vergessenlassens der Einsamkeit".
- Informationen werden entweder ausgetauscht oder neu synthetisiert; es gibt „diskursive" Kommunikationsformen, die bestehende Informationen verteilen, und „dialogische", die neue Informationen generieren.
- In diesem Spannungsverhältnis entstehen neue Kommunikationsstrukturen und neue kulturelle Codes; die Tendenz geht weg von den Massenmedien und hin zu Netzdialogen (Flusser 1998).

Flusser hat bemerkt, dass neue Medien nicht allein der zunehmenden Technisierung von Kommunikation dienen, sondern – beginnend mit der Fotografie im 19. Jahrhundert – ins Jenseits der sprachlichen Codierung zielen. Sie verweisen auf die nichtsprachlichen Anteile in den kulturellen Kommunikationen. Der kurze, programmatische Text *Für eine Philoso-*

*phie der Fotografie* (Flusser 1983) ist ganz gegen die Alltagsauffassung gerichtet, dass Menschen Bilder von der Wirklichkeit machen (Zeichnung, Malerei) und irgendwann eben durch Technik bessere Bilder erzeugen (Fotografie). Dass Kunst nicht die Wirklichkeit der Natur wiedergibt, sondern dass die Künstler mehr oder weniger bewusst mit kulturellen Codes arbeiten, gilt kunsttheoretisch länger schon als Konsens.

Im fotografischen Bild, prototypisch für die Medienkultur, verbirgt sich eine neue „Kodifizierung", die im charakteristischen Funktionieren besteht: „Die Kategorien des Apparats setzen sich auf die Kulturbedingung auf und filtrieren sie. Die einzelnen Kulturbedingungen treten damit in den Hintergrund: Gleichgeschaltete Massenkultur der Apparate ist die Folge; im Westen, in Japan, in den unterentwickelten Ländern – überall wird alles durch die gleichen Kategorien hindurch aufgenommen." (Flusser 1983: 32)

**Merksatz**

**Technische Bilder realisieren die im Apparat programmierten Möglichkeiten. Dieser Apparat produziert Bilder, die nur oberflächlich betrachtet etwas abbilden (eine fotografierte Szene), die eigentlich aber symbolische Sachverhalte (Texte, Theorien, kulturellen Konsens) repräsentieren. Technische Bilder bedeuten nicht das, was sie vermeintlich unmittelbar abbilden, und lassen sich auch nicht daraufhin „lesen".**

Dieser Begriff des Apparats bietet sich fast als Alternative zum verschwommenen Begriff des Mediums an, vor allem weil Flusser ihn vom Begriff des Werkzeugs und von dem der Maschine deutlich abgrenzt. In der historischen Abfolge sieht das folgendermaßen aus:

- Werkzeuge sind Ausweitungen des Körpers, die alltägliche Verrichtungen erleichtern. Sie funktionieren nur, wenn der Mensch sich ihrer bedient (vorindustrielles Handwerk).
- Maschinen setzen diese Tradition fort, allerdings beginnt der Mensch, in Abhängigkeit der Maschinen zu funktionieren (Industriearbeit).
- Apparate hingegen simulieren Prozesse, für die sie der Mensch programmiert hat. Sie funktionieren scheinbar selbständig, ihr Produkt sind technische Bilder (Medienkultur).

# Diskursive und dialogische Medien

Flusser war kein Theoretiker des Fortschritts, sondern entwarf eher ein medienevolutionäres Bild der Menschwerdung. Im Gegensatz zum humanistischen Endziel der Menschwerdung, dem aufgeklärten Subjekt, setzte er die Metapher des *Projektes*, um die Unabgeschlossenheit zu unterstreichen. Historisch war der Mensch zuerst ein multidimensionales Naturwesen. Aus dem Zustand trat er heraus, indem er sich aufrichtete (der aufrechte Gang, frei nach dem Philosophen J. G. Herder) und Artefakte schuf (Bilder). Doch er ist dabei mental noch nicht aufgerichtet, als Subjekt arbeitet er sich weiterhin an den Objekten der Welt ab. Das ist charakteristisch für das Industriezeitalter: die Unterworfenheit des Subjektes unter die Objekte, das Abarbeiten an der Wirklichkeit. Erst in der Medienkultur – ein Begriff, den Flusser keineswegs affirmativ verwendet hat – ändert sich der menschliche Standpunkt zu den Dingen, er geht auf in „kybernetischen Kategorien" (Flusser 1985: 94). Mit dem Computer steht die Kultur vor der Verwirklichung möglicher Welten.

Die Welt der Wahrnehmungen tendiere nun immer mehr dazu, eine Projektion der Datenprozessierung zu werden. Flusser war kein Kulturpessimist, doch er konstatierte eine Krise der gegenwärtigen Kultur, eine grundlegende Strukturveränderung, deren wir mit unseren kritischen, in der Schriftkultur ausgebildeten Mitteln nicht so recht habhaft werden können. Über den Ausweg aus der Krise entscheidet die Ethik, nicht die Technik: „Die Technik ist gegenwärtig eine zu ernste Sache, um Technikern überlassen werden zu können." (Flusser 2003: 159)

Diese Ethik bestehe darin, nach der Verwertung von Wirklichkeit (Industriegesellschaft) mit der Verwirklichung von Werten (telematische Gesellschaft) ernst zu machen. Die Herausforderung geht über das technisch Mögliche hinaus und betrifft die Organisation der Medienkultur. Denn mit den neuen Mediencodes werden neue Strukturen möglich (wenn auch nicht automatisch wirklich), Strukturen, die auf Dialoge (Kreise, Netze) hin angelegt sind und nicht auf lineare Vermittlung wie in den bisherigen Massenmedien. Das Dialogische und das Diskursive sind bei Flusser nicht nur technische, sondern vor allem diskursökonomische Kategorien:

– Diskursive Medien verteilen vorhandene Informationen; die Botschaft strömt vom Sender zu den Empfängern wie bei den Massenmedien (Flusser 2003: 122 ff.).

– Dialogische Medien hingegen synthetisieren neue Informationen; die Botschaften werden gegenseitig ausgetauscht. Kreise und Netze sind dialogische Strukturen (ebd.: 135 ff.).

Entspricht Linearität der kulturellen Struktur der Industriegesellschaft, so ist der Schritt in die postmoderne Medienkultur auch ein existenzieller, ein *Projekt* im Zuge der noch nicht abgeschlossenen Menschwerdung. Die Frage dabei bleibt, wie Netzstrukturen in den Dienst dialogischer Aspekte der Kommunikation gestellt werden können, die unter Bedingungen der traditionellen Massenmedien zu kurz kommen. Hier bestehe immer auch die Gefahr des „diskursiven Totalitarismus", was der Kommunikationssituation einer voll entfalteten Propaganda gleichkäme. Diskursive Medien sind tendenziell hierarchisch und autoritär. Netzdialoge haben politisch wichtige Implikationen, da sie einer demokratisierenden Kommunikationsstruktur entsprechen. Flusser unterstellt das Ziel einer „tatsächlich wirksamen Kommunikationstheorie" diesem Desideratum (ebd.: 144).

Hier bleibt – von McLuhan bis Flusser – ein eminentes Problem offen. Ist Theorie selbst denn nicht ein Teil genau jener Beschreibungs- und Verschriftungskultur, die sich nunmehr in eine Kultur der Zahl, der Komputation und Kalkulation auflöst? Neue Medien werten nichtverbale Konfigurationen des Denkens auf und erzeugen posttypografische Wissensformen. Damit ist in Frage gestellt, ob die Schrift und das Schreiben in einer neuen Medienkultur denn noch Zukunft haben (Flusser 1987).

Die Phänomene dieser Medienkultur zu beschreiben wird damit zu einem Grenzgang in einer Welt, die immer weniger auf alphabetische Notation angewiesen ist. Hier eröffnen sich Möglichkeitsräume jenseits von strenger Wissenschaft. Nicht ganz zufällig vermittelte McLuhan seine Theorie gern im Fernsehen selbst, und Flusser öffnete sich zuletzt dem Experimentellen, der Fiktion wie auch der Medienkunst und der Software-Programmierung. Die Theorien sowohl von McLuhan als auch von Flusser sind richtungsweisend für jede Medientheorie, denn sie dokumentieren das, was der Soziologe Niklas Luhmann in einem ganz anderen Zusammenhang festhielt: den „bis in die Erkenntnistheorie hineinreichenden Umbau der theoretischen Mittel" (Luhmann 2001: 95).

# 9

# Medienkonstruktivismus

*Kommunikation wird zum Formalobjekt einer neuen Wissenschaft. Nicht sich verständigende Subjekte stehen dabei im Mittelpunkt, sondern Systemfunktionen und Medien als deren Ermöglichungsbedingung. Der Theoretiker wird zum Beobachter dieser Prozesse, dem lediglich die Aufgabe zukommt, die Realität ihrer Realitätskonstruktion beschreibend einzukreisen.*

## Fremdwort Kommunikation

Medien werden, wie zuletzt festgestellt, zu einer epistemischen Kategorie, zu einem Modell der Komplexitätsbewältigung moderner Gesellschaft. Der Fachdiskurs ist zunehmend unübersichtlich, da einerseits die Praxis der Medien sich ändert (von Massenmedien zu neuen Medien, von Sendung zu Vernetzung), andererseits ist die Theoriebildung des 20. Jahrhunderts von einem grundlegenden Überwindungsgestus geprägt (Ablösung von metaphysischer und Aufwertung funktionaler Begrifflichkeit). Es ist auch eine gewisse diskursive Ungleichzeitigkeit festzustellen; Medien waren im deutschen Sprachraum bis vor zwei, drei Jahrzehnten kaum ein Theoriethema, auch Kommunikation blieb ein Fremdwort.

Watzlawick (1969) entschuldigte sich bei seinen Lesern noch höflich für die Verwendung des im Deutschen „ungewohnten" Begriffs, und der Grafikdesigner Otl Aicher hielt fest: „Ich war dabei, als das Wort Kommunikation in die deutsche Sprache eingeführt wurde" (Aicher 1991: 34). Zusätzlich sollte angemerkt werden, dass McLuhan in schlechten Übersetzungen vorlag und Flusser überhaupt erst nach 1983 auf Deutsch publiziert wurde. Die neue Kulturtheorie der Medien wurde von der akademischen Gesellschaftstheorie der Kommunikation (Habermas, Luhmann) nicht wahrgenommen.

Exzentrisch dazu steht der sprachwissenschaftlich/semiologisch geprägte poststrukturalistische Diskurs in Frankreich, wobei grundlegende Beiträge etwa von Michel Foucault oder von Jacques Derrida (siehe S. 89 f.) von weniger systematischen Ansätzen unterschieden werden können, die keine geschlossene Theorie bilden, wohl aber medientheoretische Akzente gesetzt haben. Dies gilt für Jean Baudrillard, der angesichts einer umfassenden medialen Simulation die Kollabierung des Realen diagnostiziert und den Medien eine Fabrikation von „Nicht-Kommunikation" vorgeworfen hat (*Requiem für die Medien*, 1972 – in: Pias Hrsg. 2004: 284); und für Paul Virilio, der Geschwindigkeit und Beschleunigung zum Thema gemacht hat (*Dromologie*) ebenso wie den Zusammenhang von medialer und militärischer Produktion von Wirklichkeit (Virilio 1986).

In derart unterschiedlichen Facetten schillerte der Begriff Kommunikation, der dabei von einem Fremdwort zum zentralen Formbegriff gegenwärtiger Theoriebildung mutierte. Die Problemsicht der Kommunikationstheorie wurde nun ausdifferenziert, hier die Alltagsphänomene der Kommunikation (Mitteilung, Austausch, Verständigung), dort ihre Systemfunktionen (Tradierung, Information, Selektion).

## Kommunikatives Handeln

Jürgen Habermas (siehe S. 67) argumentierte in der Tradition bürgerlicher Aufklärung, die rationale Diskurse voraussetzt und damit Wahrheitssuche, zwanglose Argumentation sowie die Normativität von kommunikativen Geltungsansprüchen. Seine sozialphilosophische Analyse kommunikativen Handelns (Habermas 1981) betont den Gegensatz zu einer Technisierung der Lebenswelt in ganz ähnlicher Weise, wie Flusser die Entgegensetzung von Kommunikologie und Technologie gesehen hat. Die Basis der Theoriebildung bei Habermas ist die hermeneutische Tradition, die in der Nachkriegszeit vor allem mit dem Namen Hans-Georg Gadamer verbunden war. Ihr methodisches Ideal war das Verstehen sprachlicher und textlicher Äußerungen als ein spezifisches Sinnverstehen (Gadamer 1960). So fragt denn auch Habermas konkret nach den rationalen Mechanismen der Handlungskoordinierung und sieht sinnhafte Rationalität in kommunikativen Handlungsräumen gewahrt.

Wohl wird dabei die Frage nach der emanzipatorischen Kraft der Medienkultur gestellt, jedoch stets auf jenes Maß an sprachlicher Kommunikation bezogen, das Medien erweitern oder einschränken können. Habermas unterschied dabei zwischen Medien, die sprachliche Verständigung als Mechanismus der Handlungskoordinierung ersetzen (beispielsweise das Geld) von solchen, die darauf angewiesen bleiben (Massenmedien). Medien der Massenkommunikation wären mit ihrer Überbrückung räumlicher und zeitlicher Distanzen nichts weiter als bloß „technische

Verstärker der sprachlichen Kommunikation" (Habermas 1981/1: 497). Alles in dieser Theorie bleibt auf eine humane Qualität rückbezogen, die Habermas an kommunikative Kompetenz bindet: Diese ist Kern der lebensweltlichen Interessen und somit dem zweckrationalen Handeln (Systemebene) entgegengesetzt.

Kritiker haben dagegen eingewandt, dass in Habermas' Theorie der Medienbegriff unterkomplex gefasst wird und dass die behauptete Rationalität kommunikativen Handelns „schon empirisch schlicht falsch" sei (Luhmann 2001: 103). Die Kritik galt vor allem der Annahme, dass die Rationalität von Kommunikation vorrangig darin bestehe, auf Verständigung abzuzielen. Habermas unterstellt den Konsens als Ziel der Kommunikation zwar kontrafaktisch, wie er das nannte, das bedeutet als ein implizites Ideal. Freilich kann man auch, wie Luhmann einwandte, kommunizieren, um Dissens zu markieren. Konsens, Dissens, alles *Nonsense?*

Es war eine sehr deutsche Auseinandersetzung, die dazu in den 1970er- bis hinein in die 1980er-Jahre geführt wurde. Ohne Bezug auf sie sind viele aktuelle Theorien aber nicht verständlich. Etwas verkürzt ausgedrückt: Bei Habermas kommunizieren noch die Subjekte, während bei Luhmann nurmehr die Kommunikation kommunizieren kann. Während Jürgen Habermas der Kritischen Theorie (Frankfurter Schule) zuzurechnen war, als deren Ziel es galt, die antiaufklärerischen Machtinteressen in der Gesellschaft aufzuzeigen, wurde der Bielefelder Verwaltungswissenschaftler Niklas Luhmann als Sozialtechnologe wahrgenommen. Seine Forschungslogik der Beobachtung bzw. der beobachtenden Beschreibung zielte nicht auf eine Kritik oder gar Veränderung der Verhältnisse.

Dadurch aber, dass in Deutschland nun auch die poststrukturalistische Diskurstheorie verstärkt rezipiert wurde (vor allem Michel Foucault und Jacques Derrida), wurden handlungs- und subjektzentrierte Theoriepositionen wie jene von Habermas (und auch des Luhmann-Kritikers Richard Münch, 1991) zunehmend geschwächt und spielten in der weiteren Entwicklung von Medientheorien eine weniger prägende Rolle. Nicht zufällig wirkte auch Niklas Luhmanns Adaption der Systemtheorie in diese Richtung. Hier wurde Kommunikation nicht subjektzentriert thematisiert, sondern unter Paradigmen systemischer Selbstreferenz und Selbstorganisation.

## Systemtheoretischer Medienbegriff

„[Normalerweise bekommt man] zu hören: letztlich seien es doch immer Menschen, Individuen, Subjekte, die handeln bzw. kommunizieren. Demgegenüber möchte ich behaupten, dass nur die Kommunikation kommunizieren kann und dass erst in einem solchen Netzwerk der Kommunikation das erzeugt wird, was wir unter ‚Handeln‘ verstehen." (Luhmann 2001: 95)

Losgelöst vom personenbezogenen Handlungsbegriff, wird in Luhmanns Systemtheorie die Selektivität von Kommunikation hervorgehoben, und zwar derart, dass sie in je spezifischen Bereichen wie Wirtschaft und Politik oder Waren- und Informationsaustausch eigene soziale Systeme produziert. „Kommunikation" findet unabhängig von subjektiven Absichten statt, sie ist „die Einheit eines alle Gesellschaft fundierenden Sachverhalts", für die sich ihr theoretischer Beobachter interessiert – vor allem für ihre Unwahrscheinlichkeit. Es ist die Frage nach dem Aufbau jener Ordnung, „die Unmögliches in Mögliches, Unwahrscheinliches in Wahrscheinliches transformiert" (ebd.: 77).

Diese Theorie fasst Kommunikation nicht als Phänomen, sondern als Funktion. Eine gesellschaftliche Evolution kann es nur geben, weil mittels ständiger grundlegender Operationen funktionale Ausdifferenzierung erfolgt: mittels Unterscheidungen. Dass die Kommunikation erfolgreich ist – was bedeutet, dass sie Anschlussfähigkeit erzeugt – ist für Luhmann eine problematische Unwahrscheinlichkeit. Für Institutionen der Umformung von unwahrscheinlicher in wahrscheinliche Kommunikation nun übernahm Luhmann von seinem Lehrer, dem Harvard-Soziologen Talcott Parsons, den systematischen Begriff Medien.

–  Medien transformieren mittels symbolischer Generalisierung die Unwahrscheinlichkeit, dass man vom Anderen verstanden wird, in eine Wahrscheinlichkeit.

–  Medien machen die Erreichbarkeit des Anderen wahrscheinlich, indem sie die Bedingungen von Raum und Zeit beeinflussen, wenn sie etwa Informationen speichern.

–  Medien machen dem Anderen unterschiedliche Sinnangebote, wobei Luhmann den Kategorien des sozialen Systems von Parsons (*Money, Power, Influence, Value Commitments* – also Geld, Macht, Einfluss, Wertverpflichtungen) noch Wahrheit, in Bezug auf das Wissenschaftssystem, und Liebe, auf Ebene der Intimbeziehungen, als symbolisch generalisierte Kommunikationsmedien (zur Koordination des jeweiligen Subsystems) hinzufügt (Luhmann 2001: 82).

Medien sind in der systemtheoretischen Sichtweise Funktionen von Kommunikation, die in sozialen Systemen durch Generalisierungen Ordnung erzeugen. Dies leisten Kommunikationsmedien wie die Sprache, Verbreitungsmedien wie die Schrift und der Buchdruck sowie Erfolgsmedien oder symbolisch generalisierte Medien wie Geld, Macht, Wahrheit, Liebe.

Parsons hatte bereits die Wichtigkeit der symbolischen Tauschmedien für die Sozialstruktur betont. Dabei wurde der Symbolcharakter als Grundeigenschaft von Medien hervorgehoben, die Frage galt Medien als generalisierten Tauschmitteln – „generalized symbolic media of interchange" (Parsons 1975 – in: Pias et al. 2004: 34 ff.). Denn bedeutsam für die kulturell geschaffenen Sozialstrukturen ist die Möglichkeit, Bedeutungen in symbolischen Umwelten auszutauschen. Medien sind es, welche diese Generalisierungen überhaupt erst erlauben und damit Kommunikation ermöglichen.

Generalisiert heißen die Medien hier, um zu verdeutlichen, dass ihre Symbole immer wieder verwendbar sind, ja symbolische Figurationen für unterschiedliche Situationen geschaffen werden, um die Austauschprozesse innerhalb von Systemen zu regeln. Die operative Geschlossenheit der Austauschprozesse (Kommunikation) ist „Gesellschaft". – Diese funktionalistische Systemtheorie ist nicht dasselbe wie der sogenannte Symbolische Interaktionismus, der Interaktionsprozesse zwischen Personen behandelt und der handlungstheoretisch mit dem Begriff der symbolisch vermittelten Kommunikation und reflexiver Bedeutungszuschreibung operiert (George H. Mead, Herbert Blumer – vgl. dazu Joas 2000).

Kommunikation ist im systemtheoretischen Ansatz die unabdingbare Theoriegrundlage, weil wir es bei „Gesellschaft" nicht mit existierenden Dingen oder mit versammelten Menschen zu tun haben, sondern mit Prozessen: ständige Selektion und Transformation in Subsystemen, die sich theoretisch beschreiben lassen.

Nachlesen lässt sich dieses theoretische Beschreiben in den sukzessiv publizierten Werken Luhmanns; sie behandeln unter anderem Wirtschaft, Wissenschaft, Recht, Kunst, Politik, Religion, Erziehungssystem usw. – Subsysteme, die je spezifische Realitätskonstruktionen leisten. Systemtheorie zielt auf das strukturelle Substrat, auf eine Formbetrachtung des Mediums (im Gegensatz zu inhaltlichen Aspekten).

## Realität der Massenmedien

Was bringt nun diese Betrachtungsweise? Sie ist vor allem antihermeneutisch ausgerichtet und bereitete damit jenen Paradigmenwechsel vor, der die deutsche Medientheorie generell unter den Titel „Materialität der Kommunikation" gestellt hat. Das bedeutet die Verabschiedung von traditionellen Problemstellungen der Medien- und Kommunikationsforschung gemäß Luhmanns zentraler Forderung, hier „radikaler anzusetzen und systematischer zu entwickeln, als es bisher üblich war" (Luhmann 2001: 90). Dies führt weg von der Rede von kommunizierenden Personen, hin zu technischen Materialitäten und strukturellen Kopplungen. Natürlich zielte der systemtheoretische Ansatz gegen die publizistikwissenschaftlich übliche Form der Forschung über Massenmedien und stärkte die konstruktivistische Richtung, die ihren Platz nun auch im deutschsprachigen akademischen Diskurs eroberte (etwa über das „integrative Medienmodell" von Siegfried J. Schmidt, 2000).

Am Beispiel der Massenmedien führte Luhmann vor, dass Theorie nicht die vermeintliche Realitätsvermittlung der Medien zur Voraussetzung nehmen darf, sondern Medienphänomene als Selbstbeschreibung erkennbar machen muss. Wenn etwa das Fernsehen eine Dokumentation sendet, wird hier nicht die Welt abgebildet, wie sie ist, sondern es wird durch bestimmte Selektionsprozesse eine diesem Medium adäquate Realität konstruiert. Das Medium Fernsehen weist hinsichtlich seiner eigenen Realitätskonstruktion einen blinden Fleck auf – wie jedes andere Medium, wenn es um den Beobachterstandpunkt selbst geht.

> **Merksatz**
>
> **Obwohl jedes Medium Selbstthematisierungen und Selbstbeschreibungen anbietet, kann es seine eigene Beobachtungslogik nicht hintergehen. Luhmanns Systemtheorie macht sich nun zum übergeordneten Beobachter, der beobachtet, wie die Massenmedien beobachten, um dann die „Realität ihrer Realitätskonstruktion" zu beschreiben: „Die Realität der Massenmedien, das ist die Realität der Beobachtung zweiter Ordnung." (Luhmann 1996: 153)**

Historisch gesehen gab es immer wieder gewisse ausgezeichnete Beobachtungsplätze in der Gesellschaft, wie sie durch Weise, Priester, Adelige, Verwalter etc. eingenommen wurden. Die dabei entwickelten reflexiven, vergleichenden und orientierenden Komponenten – wie die passende Metapher, die richtige Formulierung, das treffende Bild, die gelungene Aufnahme, der gute Klang – gehören zu dem, was seit dem 18. Jahrhundert als kulturelle Ästhetik bezeichnet wird. In der Moderne fällt es in steigendem Maß den Massenmedien zu, solche Beobachtungsplätze allgemein bereitzustellen. Damit gilt: „Was wir über unsere Gesellschaft, ja über die Welt, in der wir leben, wissen, wissen wir durch die Massenmedien" (ebd.: 9). Man wird sich allerdings fragen müssen, ob man dies mit Luhmann für gut befindet – „so als ob es anders sein könnte" (ebd.: 174)? Sollte man sich der symbolisch hergestellten Realität (beispielsweise jener der Fernsehnachrichten) gegenüber nicht mehr kritisch verhalten können, dann ließe sie sich, wie in der durchschnittlichen Rezeptionssituation durchaus üblich, nurmehr als gegeben hinnehmen.

# 10

# Materialität der Kommunikation

*Ein wichtiger Akzent für die jüngere Medien- und Kommunikations-theorie ist der Übergang von hermeneutischen zu diskurstheoretischen Fragestellungen. Hier werden die materialen Voraussetzungen von Kommunikation thematisiert. Anstelle des Verhältnisses zwischen einem Text und seinem Interpreten und den Bedingungen für dessen Sinnverstehen wurde nun die Äußerlichkeit des Signifikanten zum Paradigma.*

## Eine Theorie der Schrift

Der systemtheoretische Beobachter sucht nach Strukturen der Wirklichkeit, nach nicht sinnhaften und nicht bewussten Voraussetzungen. Wenn nicht eine Person den Sinn generiert, sind es dann Zeichenprozesse, Strukturen, Materialitäten? Dieses Denken erregt Widerstand, denn es impliziert, dass ein bewusstes Selbst nicht an sich existiert, sondern ein Konstrukt aus bestimmten Voraussetzungen ist.

Eine der wesentlichsten kulturellen Voraussetzungen ist Schriftlichkeit. Erst ab einem bestimmten historischen Zeitpunkt gab es Texte, und erst mit den neuen Medien wurde klar, dass die verschriftete Sprache noch nicht die ganze Sprache ist und dass es Bedeutungssysteme außerhalb der Sprache gibt. Schriftlichkeit ist auch eine Reduktion des Ausdrucksvermögens, der wir aber Erkenntnisfortschritt und die in Philosophie und Wissenschaft verkörperte Rationalität verdanken; die alphabetische Schrift war ein entscheidendes Medium der Objektivierung (Havelock 2007: 126). Auffallend viele Theorien der 1960er-Jahre drehten sich um genau diesen Punkt. Verwunderlich ist es nicht, da mit den audiovisuellen Medien (Radio, Fernsehen) die kulturelle Bedeutung nicht textuellen Ausdrucks nachdrücklich hervortrat.

Von fast symbolischer Bedeutsamkeit war hier die Theorie des französischen Philosophen Jacques Derrida, die er in seiner Studie *Grammatologie* entwickelt hat. Wie er zu zeigen versuchte, privilegiert die abendländische Denktradition seit Platon das Sprechen gegenüber der Schrift, während aus seiner Perspektive „es kein sprachliches Zeichen gibt, das der Schrift vorherginge" (Derrida 1974: 29). Entgegen der traditionellen Auffassung über die Entstehung der Schrift bedeutet das nichts anderes, als dass die phonetische Schrift mehr ist als nur Spur der Stimme (was er als „Phonozentrismus" bezeichnete). Sprache steht umgekehrt in einem Abhängigkeitsverhältnis zur Schrift, deren Exteriorität jede kulturelle Äußerung bedingt und die schließlich mühsam erlernt werden muss.

Derrida plädierte dafür, dem Sichtbaren, der materiellen Spur von Schriftlichkeit mehr Aufmerksamkeit zuzuwenden. Die Schrift spiele in jeder Kultur eine viel größere als die ihr zugedachte, parasitäre Rolle, nach der sie eine Gedächtnisstütze für das gesprochene Wort bildet. Sie wäre ein jeder kulturellen Äußerung vorgängiges Verweisungsgefüge, so-dass eine unmittelbare Realisation von Bedeutung (wie im vermeintlich spontanen Sprechen, in der Selbstpräsenz) eine Illusion darstellt.

Der Schriftbegriff ist hier also sehr fundamental angelegt. Schrift be-steht nicht nur aus Zeichen, die pragmatische Bedeutungsträger sind, sondern ist nicht hintergehbares Basismedium kultureller Tradierung schlechthin. Derridas Rettungsversuch eines universellen Schriftbegriffs („Grammatologie" ist ein älterer Begriff für Schriftwissenschaft) und sei-ne paradoxe Verabsolutierung von „Text" in einer Zeit, als die Medien-kultur auf neue Kodierungen umstellte, traf aber auch auf entsprechende Kritik: Anthropologen weisen oraler und schriftlicher Tradierung unter-schiedliche kulturelle Register zu und entheben sie damit einer direkten Konkurrenzierung (Goody 2000).

## Diskurs und Dispositiv

Wird nicht immer aus bestimmten historischen Situationen heraus ge-dacht und von einer bestimmten sozialen Position aus? Erkenntnis und Kommunikation unterliegen mancherlei Einschränkungen und Bedin-gungen, auch im Rahmen einer historisch wandelbaren Medientechnik und Medienästhetik. Hier kommt der Begriff des „Dispositivs" ins Spiel, der im Französischen etwa „Gliederung" bedeutet (er entspricht dem englischen „apparatus"). Es gibt also Dispositive des Sehens, beispiels-weise den Kamerablick im Film, der scheinbar die Stellung des Subjektes einnimmt und diesem suggeriert, im Mittelpunkt der Dinge zu stehen.

Solche historisch veränderbaren Möglichkeitsbedingungen des Sicht-baren (oder des Sagbaren, Wissbaren etc.) hat Michel Foucault auf eine methodische Grundlage gestellt, die er als das „historische Apriori" bezeichnete. Er tat dies nicht mit der Absicht, einen Beitrag zur Medientheorie zu leisten, sondern um generell den Wissenschaften vom Menschen eine neue Erkenntniskategorie zuzuordnen: „die Bedingungen des Auftauchens von Aussagen, das Gesetz ihrer Koexistenz mit anderen, die spezifische Form ihrer Seinsweise und die Prinzipien [...], nach denen sie fortbestehen, sich transformieren und verschwinden" (Foucault 1973: 184).

Es ist nicht schwer zu verstehen, was dieses „historische Apriori" bedeutet. In der Philosophie Immanuel Kants wurde jene Erkenntnis „apriorisch" genannt, die nicht von zuvor gemachten Erfahrungen abhängt. Apriorisch sind die Bedingungen ihrer Möglichkeit – das sind ästhetische und logische Kategorien, die für alle Menschen gleich sind und deren Analyse sich Kants *Kritik der reinen Vernunft* widmete. Nun wandten schon die zeitgenössischen Kritiker Kants ein, dass Erkenntnisbedingungen nie ganz „rein" sind, da Erkenntnis nicht im kulturellen Vakuum stattfindet. Sprache, Geschlecht, Kultur, Geschichte, Geografie sind Beispiele für solche Bedingungen. Da diese Bedingungen aber nicht immer offensichtlich sind, wird der kritische Humanwissenschaftler in Gestalt Foucaults zum „Archäologen", der jene Ordnungen rekonstruiert, denen der Mensch entspricht (d. h., die der individuellen Existenz vorgängig sind). Er fragte damit nach den Wirklichkeiten von Aussagen und im weiteren Sinne danach, was als normal gilt und was daher sagbar oder denkmöglich ist oder was die Struktur des Denkens einer Epoche (ihre „Épistéme") ausmacht.

Wie erwähnt sprach Foucault nicht von Medien, sondern von Aussagesystemen und Diskursen, doch die Implikationen für die Medientheorie sind offensichtlich: Zielt dieser methodische Ansatz doch weniger auf die Frage, was uns etwa ein Autor mit seinem Text sagen wollte, als auf diejenige nach der Materialität, die seinen Text ermöglicht hat, von den Produktionsverhältnissen bis hin zu den verwendeten Datenträgern und den Lektüremöglichkeiten, die ihn mitbestimmen. Die weitere Theoriebildung in dieser Tradition nennt sich seit kurzem Medienarchäologie.

Ein Diskurs ist dem Alltagsverständnis nach eine sprachliche Erörterung, an der sich mehrere beteiligen. Bei Flusser (siehe S. 79) ist das Diskursive ein kommunikatives Ordnungsprinzip, nach dem Informationen verteilt werden. Hier kommt nun eine weitere Bedeutung ins Spiel, die einer Ordnung oder einer historischen Macht. Als Diskurs gilt durchaus nicht nur das Gespräch (wie beim intersubjektiven Ansatz von Habermas), sondern jenes unbewusste Regelwerk, vor welchem die einzelnen

Aussagen getroffen werden. Ein Beispiel wäre die diskursive Produktion von „Geschlecht" (Butler 1991).

**Eine diskursive Praxis geht weit über das hinaus, was etwa Diskussionen ausmacht, denn sie bestimmt als den Kommunikationen vorgeordnete Macht die Wahrnehmung von der Wirklichkeit, für die es Regeln gibt, die Foucault auch Einschränkungs- und Ausschließungsspiele genannt hat. Als medientheoretischer Begriff wird Diskurs (vor allem in „Diskursanalyse") in dieser Bedeutung verwendet.**

## Aufschreibesysteme

Aus dem zuletzt Gesagten ergibt sich die von Foucault selbst nicht mehr gestellte Frage nach den medialen Bedingungen von Diskursen. Diskurse, und das ist Teil der Frage nach der Materialität von Kommunikation, unterliegen technischen Voraussetzungen, die als Produzenten für Sinn und Bedeutung von der hermeneutischen Tradition der Geisteswissenschaften jedoch ausgeklammert wurden. Damit übersieht die traditionell auf „Geist", auf den Sinn und die Inhalte bezogene Analyse den Schematismus von Wahrnehmbarkeit, der mit Faktoren wie Speichern und Vermittlern zu tun hat. Eine neue, an Foucault geschulte Generation von Wissenschaftlern rückte folglich die Medien, vor allem in Form von technischen Schaltungen, ins Zentrum ihres Interesses: „Von den Leuten gibt es immer nur das, was Medien speichern und weitergeben können." (Kittler 1986: 5)

Dieser Ansatz beansprucht jene Diskursivität herauszuarbeiten, die neben der Schriftform ausgebildet wurde. Er widmet sich der technischen Aufzeichnung von Einzelmedien wie Film, Grammophon, Typewriter (Kittler 1986) und dem technischen Hören und Sehen bzw. damit verbundenen Formen des Wissens und der technisch basierten Weltbilder (Zielinski 2002). Gefragt wird nach den Effekten medialer Technik unter Bedingungen steigender Komplexität – mit der „hochtechnischen Konditionierung" ist der Mensch und sein Sinnverstehen nicht länger Maß aller Dinge. Deshalb zielt Friedrich Kittler auf einen „informationstheoretischen Materialismus", der ausschließt, dass es eine von technischen Verhältnissen abgetrennte soziale Sinnkommunikation gibt: „Materialitäten der Kommunikation sind ein modernes Rätsel, womöglich sogar das moderne. Nach ihnen zu fragen macht Sinn erst, seitdem zweierlei klar ist: Es gibt erstens keinen Sinn, wie Philosophen und Hermeneutiker ihn immer nur zwischen den Zeilen gesucht haben, ohne physikalischen Träger. Es gibt zum anderen aber auch keine Materialitäten, die selber Informationen wären und Kommunikation herstellen könnten." (Kittler 1993: 161)

Es ist ein Netzwerk von Techniken und Institutionen, „die einer gegebenen Kultur die Entnahme, Speicherung und Verarbeitung relevanter Daten erlauben" (Kittler 1987: Nachwort). Kittler analysierte die Zäsur, die er als spezifisches Abgrenzungsereignis identifizierte: Als Bezeichnung dafür wurde „Aufschreibesystem" gewählt, die auf ein Jenseits verständiger Subjektivität und in Richtung von anonymer Medientechnik weist – sie ist von Daniel Paul Schreber entlehnt, der 1903 in seinen *Denkwürdigkeiten eines Nervenkranken* festgehalten hat: „Wer das Aufschreiben besorgt, vermag ich ebenfalls nicht mit Sicherheit zu sagen" (zitiert nach Kittler 1987: 304). Solch anonyme Aufschreibesysteme ergaben sich vorrangig aus zwei Modernisierungsschüben: aus der allgemeinen Lesekultur um 1800 sowie den neuen Formen der analogen Datenspeicherung bzw. der technischen Aufzeichnung um 1900.

Als Beleg für die Bedingtheit des literarischen Ausdrucks durch Technik wird gern Friedrich Nietzsche zitiert, der als erster Philosoph zeitweise eine Schreibmaschine benutzte und dabei bemerkte: „Unser Schreibzeug arbeitet mit an unseren Gedanken" (zit. nach Kittler 1986: 304). Kittler ist ein umstrittener Theoretiker, mit dem in der deutschen Theoriebildung die Wende vom Subjekt und seinem Bewusstsein hin zu den subjekterzeugenden Strukturen gemacht wurde; diese Medientheorie modifizierte in provozierender Radikalität das historische Apriori (Foucault) zu einem technischen.

**Merksatz**

**Statt Autorenabsichten nachzuspüren, werden im medientechnischen Ansatz Friedrich Kittlers Regelkreise von Sendern, Kanälen und Empfängern beschrieben. Es geht um die materialen Effekte auf Gedanken und Theorien.**

Gleichzeitig lässt diese Theoriebildung ausgerechnet unter Aspekten einer seriösen Technikgeschichte einiges zu wünschen übrig. Kritiker haben angemerkt, dass wir es hier oft genug mit einer kruden Form des Technikdeterminismus oder gar mit Übertreibungen zu tun haben, vor allem was die Rolle von Kriegstechnik für die Medienentwicklung betrifft.

Allerdings wird hier (wie schon bei Luhmann) auch deutlich, dass es neuer Denkmodelle mit neuen Begrifflichkeiten bedarf, um die (post)modernen Medienumbrüche zu theoretisieren. Unsere Gesellschaft hat große technische Systeme hervorgebracht, die sich von den Menschen weit abgesetzt und in ihrer Entwicklung quasi verselbständigt haben. Auch erschließen sich die Programmierungen, die in der Technik stecken, nicht mehr unmittelbar. Man denke, um nur ein Beispiel zu nehmen, an die Mikrochip-Produktion, bei der wie bei vielen anderen spezialisierten Verfahren kein direkter menschlicher Eingriff mehr nötig ist: Die technische Evolution ereignet sich quasi hinter dem Rücken der Nutzer. Dazu gehört, dass ein immer größer werdender Anteil gegenwärtiger Kommunikationen in Form von technischen Datenströmen stattfindet, die „unter Umgehung von Schrift und Schreiberschaft nur noch als unlesbare Zahlenreihen zwischen vernetzten Computern zirkulieren" (Kittler 1986: Vorwort). Kittler importierte diese technisch-medialen Themen in die Kulturwissenschaft in der berechtigten Meinung, dass sie nicht voreilige Kritik, sondern zunächst einmal eine gründliche Beschreibung verdienten.

# 11

# Mediologie/Medialität

*Es gibt eine historische Abfolge von Mediasphären, die spezifische Leitmedien und damit kulturelle Wahrnehmungen erkennen lassen. Neben Kommunikationswissenschaft (Publizistik) und Medientechnik (Informatik) formiert sich derzeit eine neue medienkulturelle Theorie (Mediologie).*

## Mediasphären

Walter Benjamin hat einst die Feststellung getroffen, dass sich die menschliche Sinneswahrnehmung mit ihren Medien innerhalb großer historischer Abfolgen verändert (siehe S. 20). Damit wurde ein Bruch mit der Auffassung eines eindeutigen Verhältnisses von Menschen zur Welt zum Ausdruck gebracht. Ein Medium ist kein neutraler Vermittler zwischen diesen beiden Polen, sondern es formt das menschliche Selbstverständnis jeweils ebenso, wie es die wahrnehmbare Wirklichkeit mitkonstruiert. Die Antike und die Moderne haben beispielsweise nicht nur eine andere Kunst, sondern auch eine je andere Wahrnehmung für sich. Diese verändert sich mit den Medien, die technisch verfügbar sind und kulturell in Gebrauch stehen.

Medien organisieren nicht nur die Wahrnehmung von Einzelnen, sondern von ganzen Kulturen. Gedanken und Ideen werden nicht einfach nur symbolisch vermittelt, sondern ständig übersetzt in Zeichen, Worte, Symbole, Bilder und dabei auch technisch wie kulturell laufend recodiert (ein Bühnenstück als Film, der Film im Fernsehen, ein Roman als Kinohit, das Bild im digitalen Kontext etc.). Gedanken und Ideen sind abhängig von Symbolisierungsverfahren, Codes, Datenträgern und Aufzeichnungstechniken. Ein Gedanke materialisiert sich etwa in einem Text, weil es Schrift und Drucktechnik gibt und das Distributionsnetz des Buchhandels, die Autorschaft und die Leser, Buchläden und Bibliotheken – ein System, welches als Ganzes erst für die Funktion seiner einzelnen Elemente sorgt.

Diese Frage nach dem Milieu erweitert den Rahmen, den der Begriff der Kultur technisch unbestimmt lässt: „Die Technik erlaubt, das Milieu filtert und der Mensch disponiert" (Debray 2003: 110). Da dies zu verschiedenen Zeiten unterschiedlich geschieht, lassen sich Mediasphären abgrenzen, in einer Abfolge spezifischer Ordnungen:

– die Logosphäre, nach Erfindung der Schrift;
– die Grafosphäre, nach Erfindung des Drucks;
– die Videosphäre, nach Erfindung audiovisueller Medien;
– die Infosphäre, der Übergang in die Digitalkultur.

**Merksatz**

**Eine Mediasphäre ist ganz ähnlich gefasst wie im Bereich des Organischen die Biosphäre. Dass ein Lebewesen in seiner Biosphäre existiert, bedeutet nicht, dass es daneben nicht noch andere gibt. Aber eine Abfolge mit unterschiedlichen Prioritäten ist durchaus erkennbar.**

Die Schrift, das Buch, die neuen Bilder und Töne kennzeichnen drei historische Mediasphären, der aktuelle Übergang in eine Infosphäre (wahlweise tauchen auch Begriffe auf wie Hypersphäre oder Numerosphäre) zeichnet sich mit Computer, Internet, digitalem Radio und Fernsehen in seiner kulturprägenden Bedeutung bereits deutlich ab.

## Vom Medium zur Medialität

Damit scheinen die Einzelmedientheorien, wie sie in älteren Lehrbüchern zu finden sind, nicht mehr zeitgemäß; ebenso die substantialisierende Rede vom Medium oder die im publizistikwissenschaftlichen Diskurs beliebte Frage: Was ist ein Medium? Natürlich lässt sich eine solche Frage für die angewandte empirische Forschung operationalisieren, mit allgemeinem Anspruch stellen hingegen nicht. Das Medium an sich existiert genauso wenig wie das Zeichen an sich. Hingegen kann alles Mögliche zu einem Zeichen oder zu einem Medium werden, je nach den Umständen.

Es ist nun möglich, das Prozessuale und das Performative zu beachten und damit das System von Trägern, Netzen und Dispositiven der Kommunikation, das sich historisch fortlaufend revolutioniert. „Medien" wäre damit ein Funktionsbegriff, der menschliches Gestalten, Formen und Bilden in seinen symbolischen wie technischen Ausprägungen umfasst. Dem widmet sich neuerdings die Medialitätsforschung, die sich aktuell neben der sozialwissenschaftlich orientierten Kommunikationswissenschaft und der informationswissenschaftlich fundierten Medientechnologie herausbildet.

In Frankreich heißt das, was in Deutschland Medialitätsforschung genannt wird, seit einigen Jahren *Mediologie*. Es wäre die konsequentere Bezeichnung, da Medialität beforscht wird, ähnlich der Soziologie als Erforschung von sozialen Prozessen oder – weniger gebräuchlich – der Ikonologie, welche nicht Bildinhalte erforscht, sondern den kulturellen, sozialen und historischen Kontext von Bildern. Gegenstand der Mediologie sind Übermittlung, Übertragung oder Überlieferung und damit das, was „jenseits und unterhalb des Verbalen noch ganz andere Sinnträger einschließt" (Debray 2003: 18). Damit zielt die Mediologie nicht direkt auf Medien, sondern auf ein Ensemble von Bedingungen, die als technische, institutionelle und soziale Gegebenheiten jedem Symbolgebrauch vorgängig sind.

Mediologie/Medialitätsforschung fragt nicht nach dem Inhalt des Buches, nach der Technik des Radios oder nach der Zusammensetzung des Publikums, sondern danach, welche Kultureffekte Medien haben. Es geht um ein „Dazwischen" von Technik und Kultur und auch darum, die Aufmerksamkeit für die entsprechenden Prozesse zu schärfen. Dabei werden neue Fragestellungen zugelassen, die sich nicht nur darum drehen, wie Verständigungsleistungen auf sozialem Weg erzielt oder auf technischem Weg implementiert werden, sondern darum, wie Medien auf Lebensformen und Denkmodelle einwirken. Keine graue Theorie, wenn man bedenkt, wie Romane, Schallplatten, Filme, Konzerte und Serienausstrahlungen die Sichtweise und das Lebensgefühl ganzer Generationen tragen und damit nicht zuletzt auch politische Relevanz erlangen konnten. Oder anders ausgedrückt: wie der Imperativ, bis in den letzten Gefühlswinkel hinein ständig alles zu kommunizieren, uns im Gegensatz zu früheren Generationen alle berührt. Was bleibt, ist die Frage: Wie generieren und beeinflussen Medien das, was sie anscheinend nur neutral vermitteln?

# Nach der Kommunikation

*Aus dem Fremdwort Kommunikation ist heute ein Allerweltswort geworden. Medien sind überall Thema, gleichzeitig bleibt oft unklar, wovon dabei eigentlich die Rede ist. Die Welt von Medien und Kommunikation ist eine Welt ständiger Veränderung. Computer wurden personalisiert und vernetzt, sie wandelten sich damit von Rechnern zu Medien; zuletzt nun entwickeln sich partizipative Kommunikationsformen auf Basis der dezentralisierten Technologie.*

## Medienkonvergenz und Digital Divide

Dass die Medienentwicklung der vergangenen Jahrzehnte konsequent in Richtung interaktive Technologien führte und dass es dabei zu konvergenten Entwicklungen kam, verdankt sich technischer Standardisierung und Normierung unter Bedingungen der Digitaltechnik. Konvergenz bedeutet das Zusammenwachsen unterschiedlicher Medien zu einem Medienverbund, wie er in einem multifunktionalen Gerät existiert; im Hintergrund ist damit auch das Zusammenwachsen ganzer Industriezweige, wie Telekommunikation, Informatik, Computertechnik und Unterhaltungselektronik, gemeint. Multimedia und Medieninformatik gehören bereits zum kommunikationswissenschaftlichen Studium, das es sich auch in einer kulturalistischen Ausprägung nicht länger leisten kann, sich an Themen wie Programmiersprachen, Software oder semantische Technologien vorbeizuschummeln.

Dies alles verdankt sich natürlich der Tatsache, dass Computer – einst Röhren-Großrechner, die unter Aufsicht von Experten für spezifische Zwecke eingesetzt wurden – in ihrer Bauweise dank Mikrochips verkleinert und in der Anwendung dank Software allgemein zugänglich wurden; sie sind personalisiert, global vernetzt und können mittlerweile als Medien betrachtet werden. Sie können alte Medien simulieren oder deren Funktionen übernehmen und sie damit tendenziell ablösen (als Schreibmaschine, als Telefon, als Fernseher), sie werden aber auch in alte Medien integriert (Fernseher mit Festplatte).

**Merksatz**

Weil das Internet personalisierte Computer an Rechnernetzwerke anbindet, wobei der Datenaustausch zu beliebigen Zwecken erfolgen kann, entsteht eine gesamtkulturell neue Mediensituation, die traditionelle Distributionsnetze und Wertschöpfungsketten in den letzten Jahren bereits stark verändert hat.

Die Konsequenzen sind bereits abzusehen. In dem Maß, wie personalisierte Computer über das Internet mit Software und Services versorgt werden, werden sie kleiner und billiger und damit verbreiteter. Schüler und Studenten mit Laptops statt mit Schreibheften sind längst kein ungewöhnlicher Anblick mehr, und die zunehmend mobil einsetzbaren Geräte werden nicht nur zum Lernen und Arbeiten benutzt, sondern vorrangig zu Zwecken der Kommunikation und Unterhaltung. Der Zugang zu Inhalten und der Austausch von Daten erfolgt abgelöst von herkömmlichen Datenträgern (Filesharing) und entzieht sich damit den traditionellen Verwertungsformen. Immer öfter werden dazu auch Social-Media-Plattformen genutzt, bei denen ein Abgleich von Interessen möglich ist und auch – sofern die Schnittstellen offen zugänglich sind – neue Anwendungen integriert werden können.

Die Beispiele von heute (MySpace, FlickR, Facebook und ähnliche Social-Network-Plattformen) können morgen schon veraltet sein, wichtig ist nicht, was da ist, sondern, was daraus gemacht werden kann. Das gilt für kollaborative Projekte, die Wissen und Inhalte generieren oder zugänglich machen – leider auch im negativen Sinn hinsichtlich der Vermarktung privater Daten. All diesen Trends und Innovationen wird von wissenschaftlicher Seite manchmal begegnet wie schon vor über einem Jahrzehnt noch dem Internet selbst: Man hielt es für eine Modeerscheinung, für ein vorübergehendes Faszinosum. Dass aber gerade die Kommunikationswissenschaft mit ihren Modellen, Theorien und Methoden vor einer gewaltigen Herausforderung steht, bedarf kaum näherer Begründung.

Nicholas Negroponte, der Gründer des MIT Media Lab, hat in den 1990er-Jahren die „digitale Existenz" ausgerufen, die uns vom Zeitalter der Atome (als physische Datenträger) in eine Welt der Bits (Elektronik, Datenströme) bringt (Negroponte 1997). Konsequent stellte er ein Jahrzehnt später das gemeinnützige Ausbildungsprojekt OLPC (*One Laptop Per Child*) vor, das als „Hundert-Dollar-Laptop" Bekanntheit erreichte. Es geht um ein Lernwerkzeug, nicht um einen Billigcomputer für Arme, obwohl diese Technologie vor allem dem Wissenstransfer und damit der Bildungssituation in Entwicklungsländern zugutekommen soll. Vielleicht ist es nur ein Signal, aber es war immer schon die Tendenz zur Vereinfachung und Verbilligung, die Technik verfügbar gemacht und damit neuen Nutzen generiert hat.

Ob damit der kommunikative Brückenschlag über den sogenannten „Digital Divide" gelingen wird, ist unklar. Die Wissenskluft – und damit die Chancenunterschiede – zwischen alten und neuen, d. h. vor allem Internet-gestützten, Technologien ist zwar wesentlich abhängig von deren Akzeptanz und Verbreitung, doch immer schon gab es unterschiedliche Motive zur Nutzung bestimmter Medien. Das Fernsehen wurde vor etwa drei Jahrzehnten noch als wesentlichstes Demokratisierungsinstrument betrachtet, während heute die Rede von Showeffekten, Banalisierungen und Quotenwahn („Unterschichtenfernsehen") überwiegt. Die neuen Kommunikationsverhältnisse schaffen neue Chancen, die Digitaltechnologie sorgt für erweiterte Möglichkeiten auf infrastruktureller Ebene. Doch immer wird es soziale Strukturprobleme geben, die sich weder terminologisch glätten noch technisch einebnen lassen.

## Algorithmen, Datenströme, Netze

Die Medienkultur bewegte sich in den letzten Jahrzehnten offenkundig vom Organisationsprinzip der Sendung zu dem der Vernetzung. Seit überhaupt Bilder und Töne medial aufgezeichnet werden können, vergrößert sich das kulturelle Archiv und nimmt eine neue Struktur an: Immer mehr Informationen sind gleichzeitig vorhanden, immer mehr Wahrnehmungen sind unabhängig von Zeit und Raum möglich. Das kleine Fenster des menschlichen Wahrnehmungshorizonts hat sich dank Medien weit über die biologischen Grenzen hinaus erweitert. Die Medien selbst erfuhren in den vergangenen Jahrzehnten technisch wie organisatorisch fundamentale Veränderungen. Ihre Aufzeichnungs- und Speichertechnik steigert zunehmend die Gleichzeitigkeit und Verfügbarkeit von Ereignissen: Hier findet eine gewaltige kulturelle Sychronisierungsleistung statt. Das Narrativ der Lektüre, die langsame Entfaltung von Bedeutung beim Lesen wurde ersetzt durch die Simultaneität der Sendung; die Synchronisierung und Gleichschaltung des Publikums beim Spektakel der Massenmedien wird nun abgelöst von einer Logik der Datenbanken (Manovich 2001), die Sendung von Inhalten durch Verteiler in Datenströmen.

Dieses neue Narrativ verknüpft mittels Algorithmen aus einer Unzahl vorhandener Daten abfragerelevante Informationen zu aktuellen Ergebnissen. Ohne Suchmaschinen, die in der unermesslichen Koexistenz von Datenbeständen Abfragen tätigen, und ohne Software-Agenten, die in den Netzen der Information selbsttätig Routinen durchführen, geht es nicht mehr.

Merksatz

> **Digitale Medienkultur wird von anderen Codes bestimmt als von jenen der interpersonalen Rede und der alphabetischen Schrift, d. h., es stehen weniger die Verständigungsleistungen im Fokus der Theorie, sondern kulturelle Formen der Informationsverarbeitung.**

Und trotz all ihrer geschichtlich akkumulierten Macht geht es bei „den Medien" immer weniger um die institutionell vorentschiedenen, zentralistischen Formen der Sendeanstalten, der Redaktionen und der Verlagshäuser. An die Stelle der Übermittlung von Botschaften tritt die Informationsbewegung in Datenströmen, in denen die Anwender auch zu Anbietern werden können.

Auf neuen technologischen Grundlagen formt sich wie immer eine neue kulturelle Praxis. Was ist Kommunikation – unter diesen neuen technischen Bedingungen? Manchmal wird ein problematisches Bild von der echten, technikfernen Kommunikation gezeichnet. Es wäre falsch, Medien und Technik lediglich in diesem Denkschema zu betrachten. Kommunikation ist ebenso sehr ein Produkt der Technik, wie diese auf einen gestiegenen gesellschaftlichen Bedarf reagiert. Kultur ist mit anderen Worten nicht jenes technikfreie Terrain, in dem die Bildungsbürger frei vor sich hin räsonieren. Die moderne Medienkultur zeichnet sich gerade dadurch aus, dass der Anteil an Datenkommunikation stetig wächst. Einer Generation, die mit Computern und Internet aufwächst, muss dies nicht erst groß erklärt werden. Sie ist längst dabei, die Produktivkraft neuer Medientechnologien zu nutzen, damit zu spielen und sie aktiv mitzugestalten. Sie hat auch kein Problem mit der Verschmelzung von informatischen (technischen) und sozialen (kulturellen) Kategorien.

Wenn Kommunikation der Austausch von Informationen ist und wenn an Kommunikation zunehmend technische Artefakte beteiligt sind, wie Computerprogramme und Programmteile, die sich reaktiv und sogar „sozial" verhalten können, die Verbindungen herstellen und unabhängig miteinander agieren, dann stellen sich manche Fragen völlig neu.

Technische Routinen und Datenprozesse stellen das Bild vom sozial handelnden und frei kommunizierenden Subjekt in Frage. Und die Objekte sind nicht länger stumm, sie kommunizieren oder greifen in Kommunikationsprozesse ein, werden zum Teil von ihnen (Beispiel: RFID-Technologie, der Funkidentifikations-Chip).

## Assoziationen in Netzen

Medien ändern sich, und mit ihnen ändern sich Mensch und Kultur, das Soziale ist nie stabil, und so wird es zu ständig neuen Gebilden assoziiert. Daraus hat die neuere Soziologie (Latour 2007) bereits ihre Konsequenzen gezogen. Sie sieht nicht mehr nur handelnde Subjekte vor sich, sondern Aktanten (soziale Akteure, die auch nichtmenschliche Wesen sein können, wie etwa Mächte, Technologien, selbst Dinge), die in Beziehung treten und damit Netzwerke konstituieren. Statt von Handlungen ist in der *Akteur-Netzwerk-Theorie (ANT)* von Assoziationen die Rede; damit sind hybride Verbindungen bezeichnet, die das Soziale wie das Technische umfassen. Dieses erweiterte Verständnis des Sozialen vermeidet den Technikdeterminismus, der manchen medientheoretischen Ansätzen droht. Die Hybridität jedoch – sie hat nichts mit künstlicher Intelligenz oder mit Cyborgs zu tun – bleibt als medientheoretische Chance zu begreifen, um Medieneffekte weder sozialwissenschaftlich verkürzt zu betrachten noch die kausale Logik von Erfindungen und Revolutionen zu erzählen.

> Merksatz
>
> **In der Akteur-Netzwerk-Theorie wird weder das Technische noch das Soziale privilegiert, weil ihr Verhältnis nicht dualistisch gedacht ist. Was bleibt, ist das erweiterte Spektrum und die ständige Assoziationsarbeit der Akteure. Ein unentwegtes Bauen und Formen, kollektive Prozesse – doch keine dauerhafte Stabilität.**

Es handelt sich nicht um eine neue Terminologie, sondern tatsächlich um ein neues Denken, in dem klassische Zwänge und Paradoxien des Dualismus relational aufgelöst werden.

Das ist die Herausforderung für Medientheorie: nicht wie im linearen Modell Medien als Mittleres zwischen zwei Polen zu begreifen, sondern sie als Mittler und Übersetzer in ein Drittes zu sehen (Serres 1991) und in der Folge triadische Medienkonzepte zu entwickeln (Giesecke 2007). Hat sie bereits ein Verständnis dafür erreicht, dass Medien nicht substanziell sind und Kommunikation ständige Veränderung bedeutet, müsste ihr nun die Rede von Assoziationen in Netzen gelegener kommen als die von Kommunikation in Kanälen.

Ende der 1990er-Jahre erlaubten neuartige *FileSharing*-Protokolle die schnelle Verteilung großer Datenmengen im Internet, es entstanden die sogenannten Tauschbörsen. Die eingeschliffene Rede vom „Downloaden" verschleiert die Wirklichkeit einer kulturellen Praxis, die ihre Inhalte neu organisiert. In der *BitTorrent*-Software verschmelzen technische und soziale Praxis, sie realisiert die radikale Dezentralisierung. Partizipativer Mediengebrauch und die gesteigerte Anwender-Selbstbestimmung stören die traditionellen Geschäftsmodelle der Medienproduzenten, verändern die Bedingungen der Medienökonomie wie die Modelle der Medientheorie. Aber auch die Medien- und Kommunikationswissenschaft ist hierbei gefordert, ihre Theoriemodelle zu überdenken und sich mit dieser neuen technokulturellen Praxis in ein angemessenes Verhältnis zu setzen.

# Serviceteil

## Literatur

- Aicher, Otl (1991): analog und digital, Berlin: Ernst & Sohn

Anders, Günther (1980): Die Antiquiertheit des Menschen. Über die Seele im Zeitalter der zweiten industriellen Revolution, München: Beck

Baecker, Dirk (2005): Kommunikation. Grundwissen Philosophie, Leipzig: Reclam

Bateson, Gregory (1985): Ökologie des Geistes, Frankfurt/Main: Suhrkamp

- Benjamin, Walter (2002): Medienästhetische Schriften, Frankfurt/Main: Suhrkamp

Bernays, Edward L. (2007): Propaganda. Die Kunst der Public Relations, Freiburg: orange press

Bryson, Lyman Hrsg. (1948): The Communication of Ideas, New York

Bussemer, Thymian (2005): Propaganda. Konzepte und Theorien, Wiesbaden: VS Verlag

Butler, Judith (1991): Das Unbehagen der Geschlechter. Gender Studies, Frankfurt/Main: Suhrkamp

Cassirer, Ernst (1996): Versuch über den Menschen. Einführung in eine Philosophie der Kultur (1944), Hamburg: Meiner

— (1995): Symbol, Technik, Sprache. Aufsätze aus den Jahren 1927–1933, Hamburg: Meiner

— (1953): Philosophie der symbolischen Formen. 3 Bände(1923 ff.), Darmstadt: Wissenschaftliche Buchgesellschaft

Chartier, Roger (1990): Lesewelten. Buch und Lektüre in der frühen Neuzeit, Frankfurt/New York: Campus

Cooley, Charles H. (1909): Social Organization. A Study of the Larger Mind, New York: Scribner's Sons

Crary, Jonathan (2002): Aufmerksamkeit. Wahrnehmung und moderne Kultur, Frankfurt/Main: Suhrkamp

Debord, Guy (1967): La société du spectacle, Paris: Buchet-Chastel

Debray, Régis (2003): Einführung in die Mediologie, Bern: Haupt

Derrida, Jacques (1974): Grammatologie (Original 1967), Frankfurt/Main: Suhrkamp

Eco, Umberto (2002): Die Suche nach der vollkommenen Sprache, München: DTV

— (1984): Apokalyptiker und Integrierte. Zur kritischen Kritik der Massenkultur, Frankfurt/Main: Fischer

— (1977): Zeichen. Einführung in einen Begriff und seine Geschichte, Frankfurt/Main: Suhrkamp

Eisenstein, Elisabeth (1997): Die Druckerpresse. Kulturrevolutionen im frühen modernen Europa, Wien/New York: Springer

Flichy, Patrice (1994): Tele. Geschichte der modernen Kommunikation, Frankfurt/Main: Campus

Flusser, Vilém (2003): Absolute: Vilém Flusser, Hrsg. von Nils Röller u. Silvia Wagnermaier, Freiburg: orange press

— (1998): Kommunikologie, Frankfurt/Main: Fischer

— (1987): Die Schrift. Hat Schreiben Zukunft? Göttingen: European Photography

— (1985): Ins Universum der technischen Bilder, Göttingen: European Photography

— (1983): Für eine Philosophie der Fotografie, Göttingen: European Photography

Foucault, Michel (1973): Archäologie des Wissens, Frankfurt/Main: Suhrkamp

Freud, Sigmund (1974): Kulturtheoretische Schriften, Frankfurt/Main: Fischer

Gadamer, Hans-Georg (1960): Wahrheit und Methode. Grundzüge einer philosophischen Hermeneutik, Tübingen: Mohr

Giesecke, Michael (2007): Die Entdeckung der kommunikativen Welt. Studien zur vergleichenden Mediengeschichte, Frankfurt/Main: Suhrkamp

— (1998): Der Buchdruck in der frühen Neuzeit. Eine historische Fallstudie über die Durchsetzung neuer Informations- und Kommunikationstechnologien, Frankfurt/Main: Suhrkamp

Goody, Jack (2000): The Power of the Written Tradition, Washington: Smithsonian Institution Press

— u. Watt, Ian (1963): Literacy in Traditional Societies, Cambridge: Cambridge University Press (deutsch teilweise in dies.: Entstehung und Folgen der Schriftkultur, Frankfurt/Main: Suhrkamp 2003)

Grossberg, Lawrence, Nelson, Cary u. Treichler, Paula Hrsg. (1991): Cultural Studies, London: Routledge

Haarmann, Harald (2002): Geschichte der Schrift, München: Beck

Habermas, Jürgen (1981): Theorie des kommunikativen Handelns, 2 Bände, Frankfurt/Main: Suhrkamp

— (1962): Strukturwandel der Öffentlichkeit, Frankfurt/Main: Suhrkamp

Hall, Stuart (1994): Culture, Media, Language. Working Papers in Cultural Studies 1972–79, London: Routledge

Hans-Bredow-Institut Hrsg. (2006): Medien von A bis Z, Wiesbaden: VS Verlag
— (2004): Internationales Handbuch Medien, Baden-Baden: Nomos
Hartmann, Frank (2006): Globale Medienkultur. Technik, Geschichte, Theorien, Wien: WUV/UTB
Havelock, Eric A. (2007): Als die Muse schreiben lernte. Eine Medientheorie, Berlin: Wagenbach
Hoffmann, Stefan (2002): Geschichte des Medienbegriffs, Hamburg: Meiner
Horkheimer, Max u. Adorno, Theodor W. (1969): Dialektik der Aufklärung. Philosophische Fragmente (Original: New York 1944), Frankfurt/Main: Fischer
Humboldt, Alexander von (2004): Die Kosmos-Vorträge 1827/28, Frankfurt/Main: Insel
Humboldt, Wilhelm von (1998): Über die Verschiedenheit des menschlichen Sprachbaus und ihren Einfluß auf die geistige Entwicklung des Menschengeschlechts (Original 1836), Hrsg. von Donatella di Cesare, Paderborn: Schöningh/UTB
Innis, Harold A. (1997): Kreuzwege der Kommunikation. Ausgewählte Texte, Hrsg. von Karlheinz Barck, Wien/New York: Springer
Joas, Hans (2000): Praktische Intersubjektivität. Die Entwicklung des Werkes von George Herbert Mead, Frankfurt/Main: Suhrkamp
Katz, Elihu u. Lazarsfeld, Paul F. (1955): Personal Influence: The Part Played by People in the Flow of Mass Communication, New York: Free Press
Kerlen, Dietrich (2003): Einführung in die Medienkunde, Stuttgart: Reclam
Kittler, Friedrich (2000): Eine Kulturgeschichte der Kulturwissenschaft, München: Fink
— (1993): Draculas Vermächtnis. Technische Schriften, Leipzig: Reclam
— (1987): Aufschreibesysteme 1800/1900, München: Fink
— (1986): Grammophon, Film, Typewriter. Berlin: Brinkmann & Bose
Lasswell, Harold D. (1948): Power and Personality, New York: Norton
Latour, Bruno (2007): Eine neue Soziologie für eine neue Gesellschaft. Einführung in die Akteur-Netzwerk-Theorie, Frankfurt/Main: Suhrkamp
Leroi-Gourhan, André (1980): Hand und Wort. Die Evolution von Technik, Sprache und Kunst (Original 1964/65), Frankfurt/Main: Suhrkamp
Lippmann, Walter (1922): Public Opinion
Luhmann, Niklas (2001): Aufsätze und Reden, Stuttgart: Reclam
— (1996): Die Realität der Massenmedien, Opladen: Westdeutscher Verlag
Mainzer, Klaus (2003): Computerphilosophie zur Einführung, Hamburg: Junius
Maletzke, Gerhard (1963): Psychologie der Massenkommunikation. Theorie und Systematik, Hamburg: Bredow-Institut
Manovich, Lev (2001): The Language of New Media, Cambridge, Mass.: MIT Press

Marchand, Philip (1999): Marshall McLuhan. Botschafter der Medien, Stuttgart: DVA

Mattelart, Armand (2003): Kleine Geschichte der Informationsgesellschaft, Berlin: Avinus

— (1999): Kommunikation ohne Grenzen? Geschichte der Ideen und Strategien globaler Vernetzung, Rodenbach: Avinus

McLuhan, Marshall (2002): Absolute: Marshall McLuhan, Hrsg. von Martin Baltes u. Rainer Höltschl, Freiburg: orange press

— (1996): Die mechanische Braut. Volkskultur des industriellen Menschen (1951), Amsterdam: Verlag der Kunst

— (1964): Understanding Media. The Extensions of Man, New York: McGraw-Hill

— (1962): The Gutenberg Galaxy. The Making of Typographic Man, Toronto: University of Toronto Press

— u. Fiore, Quentin (1967): The Medium is the Massage, New York: Bantam

— u. Powers, Bruce R. (1989): The Global Village. Transformations in World Life and Media in the 21st Century, New York: Oxford University Press

McQuail, Denis u. Windahl, Sven (1993): Communication Models for the Study of Mass Communication, London: Longman

• Mersch, Dieter Hrsg. (2001): Zeichen über Zeichen. Texte zur Semiotik von Peirce bis Eco und Derrida, Stuttgart: DTV

Meyen, Michael u. Löblich, Maria (2006): Klassiker der Kommunikationswissenschaft. Fach- und Theoriegeschichte in Deutschland, Konstanz: UVK

Mitterauer, Michael (2003): Warum Europa? Mittelalterliche Grundlagen eines Sonderwegs, München: Beck

Mumford, Lewis (1934): Technics and Civilization. New York: Harcourt, Brace & Co.

Münch, Richard (1991): Dialektik der Kommunikationsgesellschaft, Frankfurt/Main: Suhrkamp

Negroponte, Nicholas (1997): Total digital. Die Welt zwischen 0 und 1 oder Die Zukunft der Kommunikation, München: Bertelsmann

Negt, Oskar u. Kluge, Alexander (1972): Öffentlichkeit und Erfahrung. Zur Organisationsanalyse von bürgerlicher und proletarischer Öffentlichkeit, Frankfurt/Main: Suhrkamp

Pias, Claus et al. Hrsg. (2004): Kursbuch Medienkultur. Die maßgeblichen Theorien von Brecht bis Baudrillard, Stuttgart: DVA

Schmidt, Siegfried J. (2000): Kalte Faszination. Medien, Kultur, Wissenschaft in der Mediengesellschaft, Weilerswist: Velbrück

Schramm, Wilbur Hrsg. (1964): The Effects of Television on Children and Adolescents, UNESCO – Reports and Papers on Mass Communication No. 43, Paris

— Hrsg. (1960): Mass Communications, Urbana: University of Illinois Press

Serres, Michel (1991): Hermes 1 – Kommunikation, Berlin: Merve

Shannon, Claude E. (1948): A Mathematical Theory of Communication, The Bell System Technical Journal Vol. 27, 379–423

Simpson, Christopher (1994): The Science of Coercion. Communication Research and Psychological Warfare 145-1960, Oxford University Press

Turing, Alan (1950): Computing machinery and intelligence, Mind Vol. LIX

Virilio, Paul (1986): Krieg und Kino. Logistik der Wahrnehmung, München: Hanser

Watzlawick, Paul Hrsg. (1981): Die erfundene Wirklichkeit. Wie wissen wir, was wir zu wissen glauben? Beiträge zum Konstruktivismus, München/Zürich: Piper

— u. Beavin, Janet J. u. Jackson, Don D. (1969): Menschliche Kommunikation. Formen, Störungen, Paradoxien, Bern: Huber

Wiener, Norbert (2002): Futurum Exactum. Ausgewählte Schriften zur Kybernetik und Kommunikationstheorie, Hrsg. von Bernhard Dotzler, Wien/New York: Springer

— (1965): Cybernetics, or Control and Communication in the Animal and the Machine (Original 1948), Cambridge/Mass.: MIT Press

Williams, Raymond (1958): Culture and Society 1780–1950. Coleridge to Orwell, London: Chatto and Windus

Zielinski, Siegfried (2002): Archäologie der Medien. Zur Tiefenzeit des technischen Hörens und Sehens, Reinbek/Hamburg: Rowohlt

# Personenregister

# Sachregister